中外巨人传

顾 炎 武

孙长来　著

辽海出版社

图书在版编目（CIP）数据

顾炎武 / 孙长来著 . — 沈阳：辽海出版社，
2016.5（2019.1 重印）
　ISBN 978-7-5451-3036-2

　Ⅰ . ①顾…　Ⅱ . ①孙…　Ⅲ . ①顾炎武（1613-1682）
—生平事迹　Ⅳ . ① B249.15

中国版本图书馆 CIP 数据核字（2019）第 024781 号

责任编辑：柳海松
责任校对：顾　季
装帧设计：马寄萍

出 版 者：辽海出版社
　　　地　　址：沈阳市和平区十一纬路 25 号
　　　邮　　编：110003
　　　电　　话：024-23284473
　　　E-mail:dyh550912@163.com
印 刷 者：天津海德伟业印务有限公司
发 行 者：辽海出版社

幅面尺寸：165mm×230mm
印　　张：15
字　　数：158 千字

出版时间：2016 年 5 月第 1 版
印刷时间：2019 年 1 月第 2 次印刷
定　　价：30.00 元

● 目　录 ●

前　言

　　在中国学术史上，明末清初是一个风起云涌、人才辈出的时代。顾炎武就是生活在这个时代的卓然大儒。他一生读万卷书，行万里路，行奇学博，志在天下，以其继往开来的杰出业绩，被誉为一代学术的开派宗师。他是明末清初著名的思想家、经学家、史地学家、音韵学家，开创了一代朴学，被称作是清朝"开国儒师"、清学"开山始祖"，与黄宗羲、王夫之并称为明末清初三大儒。

　　顾炎武是中国17世纪伟大的早期启蒙思想家。与历史上一切伟大的思想家一样，他的思想中充满着对社会的公共事务进行深刻而彻底的反省、对已往的思想文化进行冷峻而深沉之反思的哲学精神。在以清代明的历史条件下，他满怀深挚的爱国主义热情，认真总结明王朝覆灭的历史教训，重新审视中国传统社会的经济、政治和思想文化，以"明体适用"、"引古筹今"的远见卓识，汇集3000年中国历史上志士仁人论道经邦的优秀智慧，批判地继承晚明以来中国社会的新思潮，并加以适乎时代要求的发挥，来建构未来民族复兴的蓝图，从而在哲学思想、史学思想、道德伦理思想、经济政治思想、文学思想诸方面都作出了新的理论创造。他的理论创造和学术成就，不仅使他成为与黄宗羲、王夫之齐名的一代思想文化巨人，而且成为继往开来的一代学术宗师，并且对于晚清的思想解放运动和社会改革运动产生了深刻的影响。他崇高的爱国主义情操、独立不苟的人格风范和社会批判精神，至今仍是推进中华民族伟大复兴的中国梦的精神力量之一。

顾炎武是弘扬中华传统学术的典范，是一个成就斐然的学者，承宋明理学衰微之后，深得晚明实学思潮熏陶的裨益。一生为学，始终抱定经世致用宗旨，以严谨精勤的学风和朴实的经验归纳方法，广泛涉足于经学、史学、方志舆地、音韵文字、金石考古以及诗文等学。在众多的学术领域，取得了巨大的成就，留下了几近50种的宝贵著述。其所著《日知录》《音学五书》《天下郡国利病书》《肇域志》等等，犹如一座无比厚重的丰碑，昭示着历史演进的轨迹，具有划时代的重要意义。顾炎武崇实致用的治学精神，严谨缜密的考证方法，以及他对广阔学术门径的开拓，影响一时学风甚巨，对整个清代学术文化的发展，也产生了深远的历史作用。清朝260多年间，音韵文字学之所以能够从经学的附庸而蔚为大国，顾炎武建树了不可磨灭的开创之功。中国封建社会晚期，在学术思潮从宋明理学向清代朴学的转化过程中，作为一个开风气者，其历史地位无可取代。

中国学术界历来讲究道德、学问、文章的统一。古往今来，为了实现这样一个三位一体的人生境界，不知有多少儒林中人，潜心问学、淡泊名利、甘于清贫，为学术而奋斗终身。可以说顾炎武的一生，就是将此三者融为一体，执着追求，终身以之，成为数千年儒林之楷模。他操志高洁，人格傲岸，时至今日，400年过去，依然具有经久不衰的精神震撼力量。他所倡导的"天下兴亡，匹夫有责"，早已成为中华民族巨大的精神财富。我们今天缅怀这位400年前的旷世大儒，就是为了从顾炎武的学行和思想中寻求可贵的历史借鉴，弘扬中华民族的优秀文化传统，批判地继承历史文化遗产，从而树立高度的文化自觉、文化自信，大力提升中华民族文化软实力建设，有助于中华民族伟大复兴的中国梦的早日实现。

一、顾炎武生活之时代

扑朔迷离的历史偶然性，充斥着晚明中国社会历史的舞台。一个帝王的个人癖性，如万历皇帝朱翊钧对他个人的小金库经营；一个士兵的偶然境遇，如陕西驿卒李自成因驿丞桃色事件败露被迁怒裁撤下岗；一件寻常的争风吃醋的争斗，如山海关总兵吴三桂的"冲冠一怒为红颜"；等等，仿佛这都成了关系国家和民族命运的关键性因素。一个几乎与西欧各国的近代社会转型同步、已经走上了改革开放之路的朝气蓬勃的民族，忽然被笼罩在以清代明的一片血雨腥风之中。被戏称为"如果史学"一派的历史学家们纵然再善于想象，也很难设想出比这更离奇、更不可思议的事情来。

在中国传统社会，一般来说，当皇权专制主义的统治正常运行之时，社会生活中的一切仿佛都在按照机械的必然性在运作，任何人的癖性和生活小事都与历史大局无关；而如果在统治脱出其常轨、社会出现异乎寻常的历史性异动之时，历史的偶然性也就越多，作用也就越大；一颗小小的火星会燃成燎原之火；一件在平时是无足轻重的小事，会成为引发巨大历史事变的因素。顾炎武所生活的正是这样一个时代。在这一时代，中国社会近代转型的历史必然性，尤其是经济发展的必然性，不但没有通过偶然性为自身开辟前进的道路，反而被一系列不可思议的偶然性而把历史拉向了倒退和逆转。

有识之士皆言，明朝并非亡于崇祯（1628-1644），而是亡于万历（1573-1619）。明朝276年，偏偏到了万历出了明神宗朱翊钧这么一个"一切向钱看"的皇帝。在明代之帝王中，爱钱成癖，是万历皇帝特有的个性，十分偶然；然而，这一事实却也多少反映了当时社会的经济变动和时代矛盾。而李自成被裁撤下岗以后的命运和吴三桂"冲冠一怒为红颜"，更折射出晚明社会矛盾的错综复杂，以及明王朝从政治危机到民族危机的历史演变过程。今人读晚明史，尚且不免会有"怅望千秋一洒泪"的悲凉之感，那顾炎武生当以清代明的历史剧变，又当是何种心情！

1. 天下之势，偏重在商

明代中叶的中国社会，就像那最先得芳春之气的秦淮柳色一般，呈现出了新的生机和活力。这一时期出现的"天下之势偏重在商"的历史性变化，标志着古老的中国社会开始了其内发原生的早期现代化萌动。顾炎武生活的江南地区，正是当时中国社会商品经济最为发达、现代性因素的萌芽最为明显的地方。就连"冲击—反应"模式论者、美国著名汉学家费正清也承认："在研究中国的经济史时，我们必须时时区分中国的帝国制度以及中国这个国家本身……当我们把晚明经济作为一个整体来考察时。我们却发现明代社会几乎在所有方面都获得了长足的发展：人口、耕地面积、外贸总量、工业、手工业的生产水平乃至纸币的使用等等。"他还专门论说了江南地区在晚明中国商品经济发展中的地位，指出：在中国的 16-17 世纪，"苏州成为国内商业、金融业和产品加工业（特别是纺织、染色业）的中心。附近的松江地区则是晚明时期棉纺织业的中心"。

这一从传统农业社会向近代工商业社会转型的过程，早在明朝嘉靖年间（1522—1565）已经开始，而以江南经济发达地区表现得最为显著。生活在嘉靖年间的吴中名士何良俊说："昔日逐末之人尚少，今去农而改业工商者，三倍于前矣……大抵以十分百姓言之，已六七分去农。"与这种"去农而改业工商"的社会结构的异动相伴随，此时的江南，到处呈现出一派勃勃生机。

冯梦龙的《醒世恒言》第十八回《施润泽滩阙遇友》记载了江南水乡盛泽镇手工业发展的盛况，他写道："话说这苏州府吴江县离城七十里，有个乡镇，地名盛泽，镇上居民稠广，土俗淳朴，俱以蚕桑为业。男女勤谨，络纬机杼之声，通宵彻夜。那市上两岸绸丝牙行，约有千百余家，远近村坊织成绸缎匹，俱到此上市。四方商贾来收买的，蜂攒蚁集，挨挤不开，路途无伫足之隙；乃出产锦绣之乡，积聚绫罗之地！"

盛泽在明初仅是一个只有五六十户居民的小村落，而到了嘉靖年间则发展成了一个"以绫绸为业"的繁华的手工业和商业城镇。大量纯粹商业和手工商业性质的市镇如雨后春笋般涌现，是明代中叶以后发生的一大新兴的、特殊的社会现象。传统中国的城市主要是政治性的，传统的"镇"是军事性的。然而，明代中叶以后，"商贾所集谓之镇"，"商贾聚集之处，今皆谓之市镇"。江南地区的小城镇建设在全国处于领先地位，正德年间嘉定县只有 7 镇，万历时增至 18 镇；弘治年间的吴江县只有 3 市 4 镇，万历时增至 10 市 7 镇；江南常熟、上海、宝山等县，拥有 2000 家

以上，有些甚至超过万家的市镇，约二十余座。这些小城镇是由原先的村落发展而来的。隶属江南松江府的上海县，在明代中叶以后，因江南商品经济的发展，突然成了各地商贾纷至沓来的地方。陆楫《蒹葭堂杂著摘抄》说上海"谚号小苏州，游贾之仰给于邑中者，无虑数十万人"。这些新兴的城市，有的以手工业为主，有的以商业为主，还有的以服务业为主，更多的是三者兼而有之，城市的主体是手工业者和商人，而不是官僚豪绅。这些城市的兴起，亦与政治军事无关，不是专制政府的政令和地方官吏的作为，而是社会经济按其自然规律发展的产物，其手工业、商业、服务业，是民办的，而不是官办的。

与城市手工业和商业的繁荣相适应，早期市民阶层应运而生。在江南的城市中，产生了私人占有的手工业工场。晚明苏州著名的文学家冯梦龙，在《醒世恒言》第十八回《施润泽滩阙遇友》中描写了一个叫施复的人，以一张织机起家，终于发展成为拥有三四十张织机的手工业主。四方商贾云集江南，以至嘉靖年间的《常熟县志》中有"买不尽松江布，收不尽魏塘纱"之说。仅松江一地，每年外运的布匹就有大约2000万匹左右。"商贾贩鬻，近自杭、歙、清、济，远至蓟、辽、山、陕。"私人占有的城市手工业工场的形成，打破了传统国家手工业在社会经济生活中的垄断地位。"末富益多"的现实驱使大批农民进入城市，"什佰成群，延颈而望"，形成了自由的劳务市场，为城市手工业的发展提供了自由劳动力；"机户出资，机工出力，相依为命"的雇佣劳动关系，普遍存在于江南各地。在苏州，靠出卖劳动力为生的织工、染工就有一万余人。

社会经济生活是一个有机的整体，任何一种新兴的社会现象的出现，都是城市社会生活中的各种因素综合发生作用的结果。城市手工业的繁荣，直接依赖于为交换而生产的农业的发展。而江南地区，正是农业中商品经济因素最为发达的地方。由于隆庆、万历年间逐步推广了以货币赋税代替实物赋税和劳役赋税的"一条鞭法"，农民不再受实物赋税和劳役赋税的束缚，而是按照价值规律去生产，什么赚钱就种什么，因而出现了从自给自足的自然经济向商品经济转型的盛况空前的景象。在江南，由于农民们开始走上了为交换而生产的致富之路，出现了很多的专业经济区和大量的农村专业户。上海、松江等地"大半种棉，当不止百万亩"，嘉定、太仓等地则是"三分稻，七分棉"。江南的开明地主们不仅兼营工商业，而且还把土地上的生产由粮食作物改变为可以出售的经济作物，或者把稻田改成为发展丝织业服务的桑田、为发展印染业服务的茜草田等等。在农村专业户之间起支配作用的是商业资本，包买主在不同的农业专业户之间起着中间人的作用。农业的商品化进程的启动，促进了城市工商业的繁荣；而城市的商业资本则使农村屈从于城市，农民必须为市场而生产，城市关系渗入乡村。

城市手工业的繁荣，又是商业资本大量地、持久地转化为手工业产业资本的结果。中国商人的传统观念是所谓"以末致富，以本守之"，所以他们在经商致富以后，不是把资金用于商业和手工业的投资，以扩大商业经营和商品的再生产，而是用来购买土地，成为地主。但在明代中叶以后，情况就不同了，商业资本总是向土地回流的传统怪圈开始被打破，商业资本与手工业产业资本的结合成为中国经济发展的一种新趋势。江南乡镇企业的发达亦与商业资本投向产业有关，如浙北石门镇的榨油业之所以发达，就在于商业资本的投入，其原料来自两湖、淮扬，而产品则远销闽粤。在江南，甚至出现了把土地卖了而以资金来从事商业经济的现象。在杭州，从明代中叶起，以经商致富的"徽杭大贾"们就纷纷将资金投入杭州城外各市镇的手工业，特别是"贸丝开车"的纺织业。汪道昆《太函集》载徽商朱天泽挟重资到福建经营铁冶，徽商阮弼投重资于浆染业而使芜湖成为全国浆染业的中心。清初虽然一度出现商业资本向土地回流的现象，但发展的总趋势却仍然是商业资本向手工业产业资本的转化，这种情形在清朝乾隆年间表现得最为明显。

商品生产还依赖于交通的发达和市场网络的形成。明代中叶以后，交通的空前发达和以江南地区为中心的全国市场网络的形成，有力地推动了江南地区的商品生产和全国的商品流通。明代政府适应经济发展和政治的需要，非常重视兴修和疏通水陆交通要道，在东西 11750 里、南北 10941 里的广阔国土上修建了四通八达的驿道，又于万历二十八年（1600）全线疏通了 3300 里大运河，为全国市场的形成提供了便捷的交通条件。商品流通呈现出前所未有的盛况。适应市场发展之需要，嘉靖以后产生了二十多种商书，如《士商必要》《新刻士商要览——天下水陆行程图》《水陆路程便览》等等，从这些商书对经商路线、商品知识、途中注意事项等等的详尽记载，可以看出当时全国市场网络正在形成的状况。

最新研究成果表明，明代中叶以后中国经济、特别是江南经济的发展，又是与早期全球化进程相伴随、并呈互动之势。16—17世纪中国经济所发生的"天下之势偏重在商"的历史性异动，从一开始就是世界范围内的经济全球化进程的有机组成部分。换言之，16-17 世纪的中国经济已经初步融入了经济全球化这一近代世界历史的进程。与开辟世界市场的西方商船纷纷东来相呼应，中国民间商品经济也开始走向世界，实现了从"夷入市中国"到"中国而商于夷"的历史性转变。明朝人张燮说："市舶之设，始于唐宋，大率夷入市中国。中国而商于夷，未有如今之伙也。"这说明，传统的基本上由官府垄断的朝贡式对外贸易，已经开始向着蓬勃发展的民间私人的对外贸易转变。闽广一带，人们"视波涛为阡陌，倚帆樯为耒耜"，以对外贸易为谋生之途径。"倭寇"头子，其实也就是海商集团头目汪直说："中国法度森严，动辄触禁，孰与海外乎逍遥哉！"反映了中国民间商品经济要求摆脱"动辄触禁"的专制统治束缚、向海外自由发展的愿望。从嘉靖、隆庆至万历，东南海商的队伍日益壮大，"通番者十倍于昔"，形成了一支包括徽州商人和闽粤商人、手工业者、读书人、受雇于商人的平民的庞大的贸易群体。海上贸易又反转来促进了国内、尤其是东南沿海地区手工业的发展，"输中华之产，驰异域之邦，易其方物，利可十倍"，因而出现了大批与海上贸易休戚相关的手工业者。海商队伍和国内手工业者互相依存，形成了一股对内抗拒朝廷的海禁政策、对外与西方殖民者争夺海上贸易控制权的巨大力量。经济史专家的统计数字表明，明代对外贸易税饷最高年份为万历二十二年（1594），其税额达 29000 余两，若按当时税率为一两征收二分摊算，该年的海外贸易商品总价值当为 100 万两白银。这是官方有案可稽的统计数额，至于大量的海外走私贸易，更远超这一数目。另据著名历史学家梁方仲先生统计，从万历元年至崇祯十七年（1575—1644）的 72 年里，葡萄牙、西班牙、日本等国通过贸易输入中国的白银，至少在一亿元以上。梁方仲先生据此论定："中国社会经济的动向和发展程度在此时不但不落在欧洲各国之后，而且是和它们步武一致的。"然而，我们又不能像某些海外学者似的据此而得出结论，认为晚期中国商品经济的发展是由海外白银的大量输入所引发的。中国社会近代商品经济发展的根源，毕竟在中国社会内部。没有中国社会自身商品经济的发展，中国是不可能实现从"夷入市中国"到"中国而商于夷"的历史性转变、迅速融入早期全球化进程的。

英国古典政治经济学家和马克思、恩格斯所论的东方专制主义的根本特征，是行政权力全面控制和直接干预社会经济运作。但在明代中叶以后，中国社会商品经济蓬勃发展的新形势下，这一原则却受到了很大的挑战。中国传统中手工业历来是国有的，由朝廷的各有关行政部门直接管理，但明代中叶以后，形成了私人占有的城市手工业工场，则打破了传统的国有手工业在社会经济生活中的垄断地位。中国传统农业是自给自足的自然经济，农民生产什么都要受到国家的赋税政策和法令的限制，但以货币赋税取代实物赋税的"一条鞭法"改革，则使农民得以按照价值规律和市场法则从事生产活动。"以银代差"的劳役制度和匠籍制度改革，更造成了"甲首终年不到衙"的状况，从而使广大农民和手工业者得以摆脱对于专制国家的人身依附关系，在相当大的程度上获得了从事经济活动的自由和选择职业的自由。市场经济的自由原则是专制主义的天敌，但社会经济发展的巨大力量却迫使明王朝不得不将这一天敌召唤到了历史的舞台上，就像同时期的西欧各国君主鼓励工商业发展一样。

商品经济的繁荣和发展带来了社会关系的新变化，特别是士商关系的变化。传统社会是士为四民之首，而商为四民之末，而晚明以来，竟出现了"满路尊商贾"的情形，出现了"士不如商"的新四民论，商贾们充满了"良贾何负闳儒"的自豪感。商品经济的繁荣和发展也带来了手工业者的社会地位的提高，如张岱《陶庵梦忆》卷五《诸工》篇云："竹与漆与铜与窑，贱工也。嘉兴之腊竹，王二之漆竹，苏州姜华雨之篆竹，嘉兴洪漆之漆，张铜之铜，徽州吴明官之窑，皆以竹与漆与铜名家起家，而其人且与缙绅先生列坐抗礼焉！则天下何物不足以贵人，特人自贱之耳！"晚明的江浙士绅往往兼营工商业。嘉靖年间的吴中名士何良俊把士大夫经商的风气追溯到正德年间，他说："至正德间，诸公竞营产谋利。一时如宋大参、苏御使恩、蒋主事凯、陶员外骥、吴主事哲，皆积至十余万。""由今日论之，吾松士大夫工商不可谓不众矣！"黄省曾《吴风录》云："今吴中缙绅士大夫多以货殖为急，若京师官店六郭开行债典，兴贩盐酤，其求倍克于齐民。"江浙人和徽州人往往父辈经商而子弟从儒从政。从晚明到清代，有不少著名的学者和官员都是商人家庭出身，有的还是从商人转化为学者的。在明末一些学者的心目中，商人的社会地位甚至超过了"士"。例如徐芳在他所著的《悬榻编》中有一篇《三民论》，认为士之游手好闲，唯利是图，还不如商人，所以只可以称"三民"而不可以称"四民"了，可见当时工商界在社会上的地位。

2. 市民社会，萌芽最显

顾炎武生活的苏州地区，不仅是费正清所说的"国内商业、金融业和产品加工业（特别是纺织、染色业）的中心"，而且是晚明中国"市民社会"萌芽最为显著的地方，同时也是全国的在野政治力量集结的中心、知识分子党社运动的中心。早期市民运动与知识分子党社运动的结合，对上限制专制权力的滥用，从而构成了对专制帝王权力的制约；对下维护市民阶层的利益，从而形成了一道保护市民阶层不受专制权力非法掠夺的屏障；这正是中国开始从臣民型政治文化向近代公民型政治文化转型的表现，它标志着在中国的城市中已经生长出现代公民社会的最初萌芽。

随着资本主义的萌芽不断生长，早期市民阶层与专制制度的矛盾明显地暴露出来。明朝对城市工商业的管理，实行"编审行役制"，就是将工商业者强制登录册籍，以便于政府控制其财富、征调其货物、强令其服役，以这种方式来对工商业者实行超经济强制式的掠夺；不仅如此，贪官污吏还凭借这一制度，以种种名目强令工商业者"捐献"，在官府充当吏胥的各色人等也以各种方式向工商业者巧取豪夺、敲诈勒索，工商业者如果不能满足他们的贪欲，便会遭到轻则吊销营业执照、重则逮捕判刑的厄运。万历年间，明神宗朱翊钧更向全国各地派出了许多太监充当矿监税使，这些矿监税使比普通的贪官污吏更为贪婪，也更为专横暴虐，使工商者们几遭灭顶之灾。早期市民阶层与专制统治者的矛盾空前激化。为了反抗明王朝对城市工商业的压迫和掠夺，万历年间，特别是万历二十四年（1596）以后，江、浙、湖、广、闽、赣、滇、冀、鲁、豫各省大中城市先后爆发大小数十次市民暴动，规模最大的有十余万人，他们抗税、罢市、夺矿、怒杀矿监、税使，表现了为维护自身权益斗争的自觉意识和反抗精神。

在早期市民阶层的维权斗争中，苏州市民的起义最能体现江南民众的"气谊之盛"，最能体现江南市民阶层作为独立的社会群体的自我意识的觉醒，亦最能体现这一新兴社会阶层的非凡的道义担当的勇气。这一事实早就为思想敏锐的先觉者们所关注。龚自珍《江左小辨序》云："有明中叶，嘉靖及万历之世，朝政不纲，而江左承平，斗米七钱……俗士耳食，徒见明中叶气运不振，以为衰世无足留意，其实尔时优伶之见闻，商贾之气习，有后世士大夫所决不能攀跻者。"

万历二十九年（1601），苏州发生了由"机户中佣工织匠"葛成领导、以纺织工人为主体的市民起义。当时，万历皇帝派太监孙隆担任苏杭织造兼管税务，"苏城各门，门各立税，只鸡束菜，咸不得免"；"凡遇商贾，公行攫取，民不堪命。机户牙行，广派税额，相率改业，佣工无所趁食。"税监的所作所为，严重地破坏了苏州的新兴工商业，也严重地威胁着苏州市民、特别是纺织工人们的生计。在这种情况下，苏州织工在葛成的领导下，自发地组织起来，"矢誓倡仪，不取一钱"，只惩罚那些残民以逞的税官，而保一方之平安。在起义中，市民们处死了孙隆手下的罪大恶极的爪牙，而孙隆则"乘夜急走杭州以避"。随后，他们贴出告示，宣称："税官肆虐，民不堪命，我等倡义为民除害，今大事已定，四方之民各安生理，无得借口生乱。"在官府要对起义的市民实行秋后算账时，葛成又挺身而出，说："倡义者我也，以我正法足矣！若（汝）无株连平民，株连则必生乱。"最后慷慨就义。苏州市民在斗争中所表现出来的组织性、纪律性和理性精神，与近代以来的学生运动相比，实在是大有过之而无不及；市民领袖所表现出的英雄气概，与鲁迅所批评的"见胜兆就纷纷聚集、见败兆就纷纷逃亡"的人们相比，更不啻霄壤之别。

江南的市民具有维护自身权利的自觉意识和反抗精神，江南的知识分子群体也同样具有一致性，具有为民请命的政治参与意识。由于早期市民阶层维护自身权益的斗争与在野知识分子群体的政治诉求具有一致性，于是便出现了市民运动与知识分子党社运动相结合的局面。

东林党主要代表人物的原籍都在商品经济有了高度发展的江南地区，他们中有的人先辈经商，甚至有的本人参与商业活动，如顾宪成的父亲即致力于工商业活动，曾"试为酒人、豆人、饴人、染人，渐能自衣食"，又"再迁泾傰廛于市"。高攀龙的生父兼营高利贷。缪昌期的生父是商品交易的经纪人，李三才在张家湾开设店铺。即使先辈或本人未曾经商者，也与新兴的早期市民阶层有着千丝万缕的联系。他们都对遭受专制压迫和剥削的市民阶层抱同情的态度，为他们请命，支持他们反对超经济掠夺的斗争。顾宪成和李应升为此都曾先后写信给苏州浒墅关的官吏，呼吁减免商税，为商民鸣不平。顾宪成陈述了小经纪营生和在家门贸易不出 40 里之内者，也要到关纳税为极不合理，并对税棍借漏税为名擅杀一个只有 8 两银子本钱的商民赵焕一事十分愤慨，为赵焕呼冤，要求彻查此事，为民除害。李应升在信中更严词批评苏州浒墅关的官吏，指出浒墅关"利在东南西北，而乡民斗争斗粟鱼舟，动遭科迫"，建议他们要"爱商恤民，上不妨工而下利于途"。王纪为北方河间府商贩日稀、民生日乏的情况而大声疾呼，要求减免其重叠小税。叶茂才是东林书院的主讲之一，也是著名的"东林八君子"之一，在他掌管芜湖商关期间，经常放关免税，很受商民爱戴。掌管九江商关的东林党人李守俊也是如此。

万历三十二年（1604），作为在野知识分子的顾宪成、顾允成兄弟在无锡修复东林书院，与高攀龙等邀集吴越士人讲学其中。据顾宪成制定的《东林会约》，东林书院采用讲会方式，每月一小会，每年一大会，会期均为三天。每会推一人为主讲，主讲完毕便相互切磋，共同研究。"风声、雨声、读书声、声声入耳；家事、国事、天下事，事事关心。"东林书院的这副对联，鲜明地道出了东林书院将讲学与评议时政紧密结合的特色。东林讲会，"往往讽议朝政，裁量人物"，遂为天下清议所宗。"士大夫抱道忤时者"，纷纷闻风响附；"朝士慕其风者，多遥相应和"；以至"庙堂亦有畏忌"，"小人之恶清议，犹黄河之碍砥柱也"。在市民运动的影响和推动下，东林党人进行了反对矿监、税使的斗争，支持淮抚李三才抗议朝廷和江南人民反对贪官污吏的斗争，代表了市民阶层的愿望和要求。所以，早期市民阶层也把东林党人作为自己的政治代言人，往往依附于东林党人进行斗争。

万历二十四年（1606），明神宗向全国派遣宦官充当"矿监"、"税使"，对民间工商业进行肆无忌惮的掠夺，激起了早期市民阶层的愤怒反抗。为了维护民间工商业者的利益，东林党人纷纷上疏，请罢矿监税使。被浙党目为东林巨魁的淮抚李三才，是最坚决地反对矿监的东林人物。《万历疏钞》卷十九收录反对矿税的上疏19篇。其中李三才有两篇，一篇是《政乱民离目击真切恳乞圣明承天念祖救之水火以自尽君道疏》；一篇是《万民涂炭已极乞赐省览以救天下疏》。在这些上疏中，李三才对上至皇帝、下至巡按百司的专制政治体制对人民的横征暴敛进行了激烈的攻击。在李三才的带动和影响下，冯琦、胡圻、叶向高、陈于廷、周嘉谟、汪应蛟、王纪、孙玮、李若星、蔡毅中、汤兆京、郭正域、李邦华、姚思仁、徐缙芳、金士衡、萧近高、欧阳东风、姜志礼、余懋衡、曹于汴、邓渼、周起元等东林榜上的著名人物，也都交章谏停矿税，或总论矿税之危害，或分论税监之专横等等。万历四十二年（1614），当时任福州通判的周顺昌上疏弹劾税监高寀，为商民请命。在他要离任时，"士民扳留者数万人，环绕刑署，夜以继日，自府门以达刑署后堂，露宿皆满，惟恐周推官之夙驾也。适奉撤回高寀之旨，始得解"。

天启年间，明王朝的专制政治黑暗到了极点。在无耻士大夫集团的支持下，一个流氓出身的文盲太监魏忠贤和一个皇帝奶妈客氏掌握了朝政。他们依仗着卖身投靠的无耻士大夫的支持，开始血腥镇压东林党人。在东林党人被捕的过程中，激起了江南知识分子和市民阶层的愤怒反抗。天启六年（1626），缇骑奉朝廷诏命逮捕周顺昌。缇骑到达苏州后，苏州知识分子杨维斗首先率领士子们上街游行示威，抗议朝廷迫害东林党人。三月十八日，苏州市民万余人聚雨中，高呼为周顺昌申冤。"缇骑见议久不决，手银铛掷于地，大呼囚安在？众怒忽如山崩潮涌，寡然而登，攀阑折楯，直前奋击。诸缇骑皆抱头窜，或升斗拱，或匿厕中，或以荆棘自蔽，众搜捕之，皆捕颡乞命，终无一免者。有蹴以屦齿，齿入其脑立毙。"在苏州市民的抗暴运动中，走在市民队伍最前列的是商人之子颜佩韦、轿夫周文元、搬运工马杰、商人杨念如、经纪人沈扬5人。与此同时，苏州市民们还袭击了前往浙江逮捕黄尊素的缇骑："（缇骑）舟过胥关，方从津吏需索，且从市中强索酒脯，市人亦执而击之，周呼城上曰：'缇骑复至矣！'众乘势往焚其舟，沉其橐于河。"朝廷派出的缇骑在常州逮捕李应升时，亦激起常州市民的愤怒反抗。据记载："先是五人奋义日，江阴李侍御就逮，常州郡城士民聚观者亦数万。方开读时，有发垂肩者十人，各执短棍直呼：'入宪署杀魏忠贤校尉！'士民号呼从之。一卖蔗童子十余岁，抚髀曰：'我恨极矣，杀却江南许多好人！'遂从一肥校尉，削蔗刀窝其片肉，掷诸狗前食之。"在苏州和常州所发生的这些"民变",都不是毫无组织的盲目行动,而是有作为东林党人的支持者的江南读书人积极鼓动和参与,如苏州民变的策动者就是首先率领读书人上街游行示威、后来成为复社著名人物的杨维斗。知识分子与市民阶层相结合,学会了依靠市民阶层的力量来与专制统治者作斗争,这是江南市民社会趋向成熟的一种表现。苏州民变发生时,顾炎武正在苏州应童子试,亲眼目睹了苏州市民这场如火如荼的抗暴斗争。晚年顾炎武在《中宪大夫山西按察司副使寇公墓志铭》一文中,记录了这场事变的全过程。

尽管这些斗争都遭到了朝廷的镇压,被捕的东林党人和市民运动的领袖也都壮烈牺牲了,但却在中国历史上写下了前所未有的一页,反映了中国资本主义萌芽时期阶级斗争的新特色。在领导苏州人民抗暴斗争的 5 位市民领袖被官府杀害后不久,崇祯皇帝即位,顺应民意,一举粉碎了以魏忠贤、客氏为首的阉党政治集团。苏州人民为 5 位市民领袖重新修建了坟墓,并在墓前高高地矗立起一座书写着"义风千古"4 个大字的石牌坊,复社领袖张溥为他们撰写了《五人墓碑记》。这篇广为传颂的碑记,鲜明地表现了复社志士与早期市民阶层互相支持的关系。他认为,正是由于 5 位市民领袖领导的苏州百姓的反抗斗争,既阻止了阉党政治集团实现其篡国夺权的阴谋,也为崇祯皇帝一举粉碎阉党政治集团提供了坚实的民意基础。5 位市民领袖的英雄事迹还被剧作家李玉写进了剧本《清忠谱》,搬上了江南戏剧的舞台。

由于崇祯皇帝的拨乱反正,江南知识分子党社运动再度勃兴,并且规模更大。崇祯初,太仓人张溥、张采,苏州人杨维斗等将原先旨在应付科举考试的"应社"改为以"兴复古学"为名义的复社，会合了大江南北各地的社团，其组织方式是"各郡邑中推择一人为长，司纠弹要约，往来传置"一旦有事，则一呼而集，"舟车之会，几遍海内。"从崇祯二年（1629）到崇祯五年（1632），在南京和苏州虎丘共举行过 3 次大会，到会的才隽之士见于《复社姓氏录》的共二千余人。复社志士以"出处患难，同时同志"相勉。"应怜此朝军持下，同是前朝党锢人"，"忘其身惟取友是匦，义不辞难，而千里必应"。作为在野的知识分子群体，他们积极投入了当时的政治斗争。崇祯十一年（1638），复社成员再次聚会南京，公推顾杲、黄宗羲为首，宣布《留都防乱公揭》，共谋驱逐阉党余孽，匡扶正义。中国的早期启蒙学者，几乎都参加了当时的党社运动。清兵南下时，在大江南北领导人民群众武装抗清的，亦多半是党社中人士。

　　早期市民运动与知识分子党社运动，虽然不断遭到专制统治者的镇压，但也迫使专制统治者向市民阶层作出了某些让步，从而革除了某些超经济强制式的掠夺的弊政。万历皇帝临终前，被迫罢黜矿监税使，在一定程度上使皇权与早期市民阶层的矛盾得到了缓解；崇祯四年（1631）"苏州府为永革布行承值当官碑"："一切上司按临府县公务，取用各色……照时价平买。该房胥役供应，并不用辅行承值。但有仍寻铺行，仍佣团牌……（持）票借用，许诸人首告，差役究，遣官听参。"这一政令的颁布，废止了各级政府官员和吏胥人等对江南工商业者巧取豪夺的特权，并在客观上承认了江南人民抗拒专制政府超经济掠夺的维权斗争的合法性。

3. 文气之盛，首推吾吴

顾炎武生活的苏州地区，不仅在经济上是晚明中国商业、金融业和手工业的中心，在政治上是知识分子党社运动的中心，而且也是思想、学术和文化的中心。它既是商品经济最为发达的地区、中国近代市民社会最早萌生的地区，也是思想文化最为活跃的地方。这是一片最适宜新思想、新文化生长的沃土。中国文化的现代性因素，正是从这一精神的沃土中最先生长出来的。就连在西方汉学界最富盛名的狄百瑞都承认："16 世纪和 17 世纪早期可以被看作是中国思想史上的一个最富有创造力和鼓舞人心的时期"，"是一幅相当生动的论战和学术多样性的图景"。

在观念形态领域，最能反映晚明社会经济基础变动和社会转型时代特色的，有两大社会思潮：一是"工商皆本"的经济思潮；二是强烈要求政治体制改革、要求言论自由、实现"以众论定国是"的政治思想。这两大代表时代前进方向的最先进的社会思潮，几乎都是从江南发端。"今海内文章气谊之盛，恒首推吾吴"，正是当时实情之写照。

"工商皆本"的经济思想，自 16 世纪初即已开始在中国酝酿。从王阳明晚年倡"四民平等"说始，迄于明末（17 世纪中叶），有汪道昆（1525–1593）鼓吹"良贾何负闳儒"，有何心隐提出"商贾大于农工"说，有李贽抗辩"商贾亦何鄙之有"；有李三才、顾宪成为代表的东林党人和同情东林党人的袁宏道等人为天下商民请命，有东林党人赵南星提出"士农工商，生人之本业"说和"农之服田，工之饬材，商贾之牵牛车而四方，其本业然也"的工商皆本的看法，有冯应京主张"九流百工皆治生之事"，有宋应星主张为交换而生产、要求撤除封建关卡以"通商惠民"，还有王徵提出"商人者，财用发生之根本"的鲜明的重商主义命题。百年之中，重商主义的思想交汇迭起，反映了中国社会从传统的"以农为本"、以农立国迈向以工商为本、以工商立国的经济演进的新趋向。

重商主义的思想最初也是从江南发端。王阳明于1525年为弃儒从商的江苏昆山人士方麟写的一篇墓表中，阳明以"托古"的方式，批判了"荣宦游而耻工贾"的儒家传统观念的虚伪性，认为这种观念的产生本身就是"交鹜于利"的结果，宦游者对于"利"的追逐"有甚"于商贾。他所提出的"四民异业而同道，其尽心焉，一也"；"其归要在于有益于生人之道，则一而已"；"工商以其尽心于利器通货者，而修治具养，犹其士与农也"；这些命题所表现的，则是一种新的"四民论"，通过这些命题，他确立了士农工商四民在"有益于生人之道"这一根本点上处于完全平等的地位。稍后，又有江南著名文学家徐渭作《一愚说》，描写了一位弃儒从商的读书人，如何具有远见，讲求诚信，以薄利多销而致富，认为商贾亦可"进于道"，驳斥了传统的"商贾道德卑下"的偏见。

出身于新安商人家庭的著名学者汪道昆（1525-1593），更是明代中叶新兴商人阶层的一个有力的代言人。他从商人的社会地位、社会贡献、伦理道德以及商业在国家经济中的重要作用诸方面，推倒了自古以来荣宦游而贱商贾，视商贾为小人以及重农而轻商的传统偏见，为中国的商人做了一篇极大的翻案文章。首先，他认为人或儒或商，不过是各人因其能力之所宜从事的不同职业而已，并没有所谓尊卑贵贱之分。他在《明故处士溪阳吴长公墓

志铭》中说："古者右儒而左贾，吾郡或右贾而左儒。盖诎者力
足于贾，去而为儒；赢者才不足于儒，是反而归贾。"各有偏胜，
又何贵贱之有！其次，他强调，良贾对于人类社会文明的贡献并
不逊于闳儒，贾为从事文化事业的儒提供物质的基础和支持，此
一代人为贾，则彼一代人为儒；彼一代人为儒，则此一代人为贾，
不儒则贾，不贾则儒，文化事业亦因此而得以发展："大江以南，
新都以文物著。其俗不儒则贾，相代若践更。要之，良贾何负闳
儒！"再次，从社会道德的观点看，贾亦无负于儒。他驳斥儒者以
诗书为本业、视货殖为卑贱的观点，在《范长君传》中说："司
马氏曰：儒者以诗书为本业、视货殖则卑之。藉今服贾而仁义存
焉，贾何负也。"最后，从社会经济发展的观点看，贾亦无负于
农，对农业与商业应该一视同仁。他认为，儒者所说的先王重农
抑商是伪造，是撒谎，先王是既重农又重商的。因此，他反对明
王朝重征商税的政策，主张薄征商税，以利于商品经济的发展。

在苏州地区，重商主义的思想尤为深入人心。晚明著名学者
朱国桢把商业提高到与农业同等重要的地位来加以认识，他说：
"农商为国根本，民之命脉也。"在顾炎武的好友归庄的心目中，
读书人弃儒从商，与投笔从戎一样，都只是人生的职业变化而已，
无可非议。他在30岁时所作的《自寿文》中，描述当时的社会现
象时说："少为士，长为农，儒者而货殖，投笔而执干戈，是为
业变。""儒者而货殖"被看作是一种正当的职业选择。

在晚明朝野上下关于开放海禁问题的争论中，以唐枢、许孚
远为代表的一大批江南士大夫和学者都坚决主张开放海禁。唐枢
鲜明地提出了与传统的进贡贸易相对立的"华夷同体，有无相通"
的近代经济学命题，认为发展国与国之间的平等互利的贸易关系

乃是"理势之所必然";又以"利之所在,民必趋之"的观念来反对明王朝所实行的海禁政策,认为所谓的"倭寇"之患归根结底乃是由于明王朝禁止民间的对外贸易所造成的,只有开放海禁,允许民间开展对外贸易活动,才能使"寇"转化为"商"。他的学生许孚远更从解决东南沿海人民的生计问题的视角论述了开放海禁的必要性,反复强调沿海"民业全在舟贩","非市舶无以济衣食",必"以贩海为生",禁止民间的对外贸易,无异于阻塞民之生路。

当然,重商主义的思潮并不局限于江南。这一思潮在李贽、冯应京、宋应星、王徵等人的思想中都有充分的反映。

李贽冲破传统的重农抑商思想的束缚,不仅为以工商业者为主体的早期市民阶层争地位,赞扬他们,为他们鸣不平;而且还试图为中国构建一幅市场经济的蓝图。他在给焦竑的信中说:"商贾亦何鄙之有?挟数万之赀,经风涛之险,受辱于关吏,忍诟于市易,辛勤万状,所挟者重,所得者末。"他从"人必有私"这一客观存在的事实出发,充分肯定了劳动人民满足其物质需要的活动,尤其是"市井小夫"的赢利活动,赞扬他们毫不掩饰其"私"的直率坦诚。中国早期工商业者多由勤俭而致富,李贽对此亦十分赞赏,其说曰:"勤俭致富,不敢安命,今观勤俭之家自见。"赞扬下层民众敢于向命运和贫困挑战,靠诚实劳动和勤俭持家而致富的精神。他公然主张实行自由放任的资本主义,同情竞争中的强者,为历史上的工商业者中的巨富们辩护。他认为竞争的结果必然是"强者弱之归,不归则并之;众者寡之附,不附则吞之",称此为"天道",想治天下的"圣人"就不能违背这一"天道"。这是一种典型自由放任的资本主义经济主张。

万历时曾任湖广金事的冯应京在《月令广义》中提出了"士农工商各执一业","九流百工皆治生之事"的观点。在湖广商民反对税监陈奉的斗争中，冯应京旗帜鲜明地站在商民一边，上疏弹劾税监陈奉九大罪，因此而被税监陈奉诬陷入狱。礼部尚书冯琦为他呼吁，说他深得民心。

明末著名科学家宋应星亦非常关心新兴工商业的发展，在《野议》中提出了许多发展生产、广开财源、改革税制和繁荣商业的主张。他认为，"夫财者，天生地宜，而人功运旋而出者也"，而"财""乃通指百货"。自然界蕴藏的财富需要人工来开发，通过发展商业来加以流通。宋应星固然也十分重视发展农业，但他所说的农业已不是自给自足的自然经济的农业，而是为交换而生产的农业，是为了商品经济的发展而重视的农业。农业发展了，商业也就会繁荣起来。同时，他积极主张发展手工业和科学技术，"修明盐铁茶矾"。他敏锐地看到了专制制度与经济发展的矛盾，十分愤慨明王朝对工商业者横征暴敛，揭露他们苛捐杂税"加派一不足而二，二不足而三"，"中官王府骚扰又日新而月盛"，乃至在某此地方达到了"搜无可搜，括无可括"的地步。因而他积极地主张改变这种状况，取消专制主义的超经济强制。他提出要将国家的资金拿出来发展生产而不要将民间用于发展生产的资金收回国库："酌发内帑，节省无益上供"；同时要统一全国税收制度，取消在各地设置关卡，以便"通商惠民"。他所提出的这些措施，无疑是顺应当时新兴的工商业经济发展的要求的。

明末著名思想家和科学家王徵明确提出了重商主义的经济主义。王徵一反传统的农本思想，把商业看作是财用发生之根本，是国家财政的生生不绝之源，所以他主张要求国家的富裕，就必须"恤商"，反对专制统治者用超经济强制的手段对商业的掠夺和榨取。王徵独重商业，而不是将之与农并举，表现了明显的近代"重商主义"倾向。重商主义并非排斥农业和工业，而是要把农业和工业都纳入商品经济的轨道，农业和工业产品通过商品交换而实现其价值，从这一意义上确实是可以说"商人者，财用发生之根本"的。

在经济思想方面，给予顾炎武的思想以比较直接影响的，还有一位松江华亭的著名学者，此人就是李雯。李雯（1608-1647），只比顾炎武长5岁，明崇祯十五年（1642）举人，与陈子龙、徐孚远、夏允彝、杜麐徵、彭宾号称"几社六君子"，共同讲求经世致用之学。清军下江南后不久就去世了，享年仅39岁，有《蓼斋集》传世。其《蓼斋集》卷四十三中有《儒蠹》篇，痛斥只知科举功名、不知治国方略的读书人为《儒蠹》，认为只有"明古今之务，察治乱之数，经术之学通于政事"者方称得上是真正的儒者。《蓼斋集》卷四十五中又有《盐策》篇，对如何开放盐禁、实行食盐的自由贸易问题作了详细的讨论。李雯的自由经济思想，给予自由贸易问题作了详细的讨论。李雯的自由经济思想，深深地影响了顾炎武，故顾炎武在《日知录》中就引证了李雯《盐策》篇的论述。

"以众论定国是"的政治改革思潮。万历年间，以东林党人为代表的反内阁派与内阁派展开了激烈的斗争，争论的问题不仅是国本问题（立皇太子问题）和国防问题，更重要的是依据什么来决定国家的大政方针（即"国是"）的问题。东林党人的政治诉求主要有三个方面：一是言论自由，二是"以众论定国是"，三是"公天下以选举"。但归结起来，无非是现代民主政治所特别重视的两大环节，即"舆论"与"选举"。

站在东林党人对立面的内阁首辅赵志皋认为，当时政治上的重大问题在于"人心不测，议论横生，摇惑其言，倒置国是"。内阁次辅张位更明确表达了其排斥"众论"的态度："所谓国是者，是而是焉，可无辩也。有是而似非，有非而似是也。有始是而卒非，有始非终是也。众以为是而莫知其非，众以为非而莫知其是也。"为了防止众论"倒置国是"，张位极力强调政事的最高决定权在皇帝，无论是作为各主管部门的六部，还是九卿科道会议，都无权对政事作出最终决定，而只能把九卿科道会议上的意见上奏皇帝，由皇帝作最终裁定。为了保障以皇权为中心的专制政治体制，张位进一步强调要以"纪纲"来统御群僚的必要性。

与内阁派的主张相反，东林党人则极力标榜"天下为公"而揭露内阁派的"一己之私"，主张依靠"众论"来确定国是，甚至认为天下之是非在"愚夫愚妇"，而官僚应该是"愚夫愚妇"的代言人。顾宪成揭露张位的"定国是振纲纪"一疏说："究竟所谓定国是振纪纲者，不过欲尽锢天下之公；所谓振纪纲者，不过欲恣行一己之私而已。"赵南星更明确地以"众所共以为是"来规定"国是"。在赵南星看来，离开"众论"不会有"国是"，也不能把是否与己意相合作为判断众论的标准，国是应依据众论来确立，即使皇帝也不能仅仅选择众论之中的合吾意者。

缪昌期的说法就更具有民主性。在缪昌期看来，皇帝不能剥夺官员的言论自由，官员也不以剥夺老百姓的言论自由。虽然老百姓没有参与国家大事，但他们对政治的是非最有发言权，最终"定天下之是非"的乃是老百姓的言论。由于老百姓不可能直接将他们对国家大事的意见反映到朝廷，所以公卿大夫理应以无私无畏的气概来充当老百姓的政治代言人。

于是，要求广开言路，实行言论自由，也就成为东林党人政治主张中最富于民主色彩的特色。"开言路"不仅仅是要保障朝廷的言官（六科给事中和御史）的言论自由，更重要的，是言官以外的一般人民的言论自由。在东林党人看来，朝廷言官是替"愚夫愚妇"陈述意见、反映"公论"的；同时，言官能否真正做到这一点，也应受到言官以外的人的舆论制约。因此，东林党人主张，尽量扩大言论的渠道，并且保证言路的畅通无阻。在顾宪成看来，如果一个政府使人不敢讲真话，听不到人民的真正的声音，那么，不仅会导致政治腐败，而且会导致天下大乱。东林党人极力争取言论自由的目的，是为了以社会舆论来干预和左右现实政治。他们明确地把"长安"（指朝廷）与地方、"缙绅之风闻"与"细民之口碑"对立起来，认为真正代表"公论"的，是"地方"、"细民"的舆论。

东林党人主张"公天下以选举"，明确认为朝廷对官员的任用必须依据民间舆论，包括在野政治力量的诉求和民众对官员的看法。万历三十年代，东林党人进行了支持淮抚李三才进入内阁的斗争。针对反东林党人对李三才的攻击，顾宪成指出："乃漕抚发淮之日，诸父老群呼队拥，相与顶舆号哭不得行。既抵舟，复号哭而随之，相与夺缆不得行，亦以钱买耶？"顾宪成明确认为，对于人物的臧否，必须以"地方"、"细民"的舆论为转移，而不能以朝廷和缙绅的看法为转移。推而广之，对于"天下"、"国家"的是非的判别也是如此。事实上，当时东林党人几乎无处不以"外论"为后盾来对抗"内阁"，借助民间舆论的支持来与执掌朝政的统治者作斗争。

在东林党人反对矿监税使，为早期市民阶层请命，为天下百姓请命的正义呼声中，已开始表现出从传统的民本思想发展出近代民主思想的先兆，孕育着后来出现的"不以天下私一人"和"天下为主君为客"等民主命题的胚芽。顾宪成提出要区别帝王的一家之公与天下之公，认为帝王的一家之公，"就天下看来未离乎私也。"李三才鲜明地提出了"民又君之主"，"百姓亦长为人主之主"的命题。他引《尚书》"天视自我民视，天听自我民听"之句，认为"民虑之于心"、"宣之于口"者就是皇帝必须绝对服从的天意。他认为，《尚书》所说的"天佑下民为之君"，固然是说君主是人民的主人；但《孟子》所说的"得乎丘民而为天子"，即得民心者才能为天子，从这一意义上来说，人民也是君主的主人，"民又君之主也"；也正因为君主只有得到人民的拥戴才能成其为君主，所以"百姓亦长为人主之主"。按照李三才的逻辑，既然人民也是皇帝的主人，所以当皇帝违背人民的愿望、侵害人民的利益的时候，人民也就有权反抗。尽管这一命题在给皇帝的上疏中是不便明确提出的，但是，李三才明确地告诉神宗："人民之离叛"是决定国家命运的根本力量，而人民的反抗斗争也正是"百姓不肯朝廷主"，而要行使自己作为主人的权利的表现。

东林党人的政治主张，得到了许多正直士大夫的认同，万历年间的著名思想家吕坤就是其中之一。吕坤的思想，初步确立了民众作为社会主体的地位。他认为："天之生民，非为君也；天之立君，以为民也。""岂其使一人肆于民上，而剥天下以自奉哉！"他认为真理的尊严大于权势："庙堂上言理，则天子不得以势相夺，即相夺，而理常伸于天下万世。"这更是公然为当时正在朝廷上为早期市民阶层的利益而据理力争的东林党人张目，也是对有权就有"理"、权势大于真理的专制传统的公然否定。他认为，对人民采用高压政策是不能治理好国家的："民情甚不可郁也。郁以防水，一决则漂屋推山；炮以郁火，一发则碎石破木。"人民受压迫久了，其反抗的力量就会势不可挡。因此，治天下者应顺从民意，"以天下人行天下事"；"推自然之心，置国然之腹，不恃其顺我者之迹，而欲得其无怨我者之心。"对于明王朝的经济和政治危机，吕坤有着非常深刻的认识，根据当时"农怒于野，商叹于途"的情形，他指出，明王朝的统治已经到了"国势如溃瓜，手一触而流液遍地；民心如实炮，捻一燃而烈焰震天"的地步，在这种情况下，如果再不肯主动地实行政治改革，那就只能是自取灭亡。

江南作为晚明知识分子党社运动的中心，成为中国社会健康的政治力量向往的地方；而东林党人的领袖人物，也成为众望所归的在野的政治领袖。

4. 苏于海内，得气之先

晚明中国最新锐的学术思潮，无论是注重科学实证和"缘数以寻理"的科学思潮，还是注重经世致用之学的"实学"思潮，江南学者都是最有力的倡导者；晚明中国从理学向朴学的学术范式的转换，也是江南学者起了开风气之先的作用。"苏之于海内，盖所谓得气之先者也"。

在明代以后的江南，先后诞生了一大批富于社会批判精神、提倡经世致用之学的著名学者。较早的是松江名士何良俊、太仓名士王世贞、昆山名士归有光、南京学坛领袖焦竑、接踵而来的是无锡顾宪成、常州高攀龙等东林名士，还有会通中西的大科学家、上海人徐光启，终身从事地理考察的探险家、江阴人徐霞客，"文坛宗盟五十年"的常熟名士钱谦益，以及与顾炎武同时、但却比顾炎武更早出名的松江名士陈子龙、徐孚远、李雯等人。值得注意的是，这些人当中的大部分都是素有"吴中名区"之称的昆山一带的人，从归有光倡导的文学革新运动，到东林党人政治性的结社讲学活动，再到复社的尹山大会、金陵大会；从徐光启倡导会通中西、经世致用的"真才实学"，到钱谦益创立的"通经致用"的虞山之学，再到陈子龙主持编纂《皇明经世文编》，思想文化界的新思潮可谓一浪高过一浪。更有公然以"异端"自居的李贽讲学于白下，浮海而来的利玛窦传新知于金陵，湖广名士袁宏道倡"性灵说"于苏州，为江南社会的新思潮推波助澜。

从学术变迁的大势看，阳明心学的勃兴实为传统学术蜕变的一大契机。经过了几百年"述朱"时期的程朱理学，到了明代中叶，已经了无生气。王阳明看到了几百年的理学统治，已经弄得"世人作伪得惯"、"天下波颓风靡，为日已久，何异于病革垂绝之时"，于是打破理学教条的束缚就成为学术发展的必然要求。理学的根本弊病是"伪"，讲那"存天理，灭人欲"的苛刻的不近人情的道德，强迫人们遵行，于是要弥合外在的道德律令与主体行为之间的矛盾，就惟有作伪一途。王阳明痛恶伪，他要提倡真，所以反对外在的束缚而诉诸主体的自觉意识。为了激发主体的自觉能动性，他大讲"学贵自得于心，求之于心而非也，虽其言之出于孔子，不敢以为是也"；讲"五经亦只是史"，五经不是信仰的对象而是历史研究的对象；对于《五经》、孔子的迷信尚可破除，对于程朱理学的迷信就更不在话下了："学，天下之公也，非朱子可得而私也，非孔子可得而私也。"他的学说一发表，立即起到了"烈耀破迷，震霆启昧"的作用。阳明去世后，其学派急剧分化，经过王艮、王畿、罗汝芳、何心隐、颜山农等人的发展，到了李贽，终于形成了"掀翻天地"，"颠倒千万世之是非"的早期启蒙思想。

在这奋力冲破囚缚的时代，又是"恶劣的情欲"充当历史前进杠杆的时代。于是，历史和伦理的矛盾凸现出来。作为王阳明三传弟子的顾宪成敏锐地意识到这种矛盾，他看到了"阳明先生开发有余而收束不足"，亦看到了泰州学派"任自然而藐兢业"，何心隐以"利欲"鼓动得人，以及李贽的自由放任主义等等都不免有其弊病，因而"不能无遗虑"，不能不有所批评。但从论学宗旨看，东林学派更主要的是要矫正江右王门学派的弊病，反对空谈性命，主张学者要关心现实政治和国计民生。顾宪成肯定王阳明学说的思想解放作用，但对其流弊却深致不满。他说："当士人桎梏于训诂词章间，骤而闻良知之说，一时心目俱醒，恍若拨云雾而见天日，岂不大快！然而此窍一凿，混沌几亡，往往凭虚空而弄精魂，任自然而藐兢业。陵夷至今，议论益玄、习尚益下，高之放诞而不经、卑之顽钝而无耻。"他说："以考亭为宗，其弊也拘。以姚江为宗，其弊也荡。""拘者人情所厌"，但"与其荡也宁拘"。东林党人对学者空谈心性的学风深为不满，顾宪成批评当时的道学家们，说他们"山间林下，三三两两，相与讲求性命，切磨德业，念头不在世道上，即有他美，君子不齿也"。认为只知空谈心性的道学家不属于君子之列。而道学之末流讲学，更从心性空谈堕落到了只讲庸俗的人生哲学："在缙绅只明哲保身一句，在布衣只传食诸侯一句。"针对这种腐朽的学风，东林党人主张学者当"以天下为己任，视天下安危为安危"。高攀龙述其要旨时说："百年前，宗文清（即薛瑄——引者）者多；百年后，宗文成（即王阳明——引者）者多。宗文成者，谓文清病实，而不知文成病虚。毕竟实病易消，虚病难补。今日虚病见矣，吾辈当稽弊而返之于实。"东林学派的论学宗旨把"由虚返实"与所谓"由王返朱"联系起来，特别是顾宪成之所谓"与其荡也宁拘"的观点，也在顾炎武的思想中有一定程度的表现。

然而，晚明思潮的变迁，早就不是传统的"程朱陆王之辨"的门面肤谈所能包举和涵盖的了。这是一个"辞藻胜过内容"的时代，无论思想家们打的是什么旗号，是"尊德性"还是"道问学"，这"德性"和"问学"的内容实在都已大不同于昔。例如罗钦顺力辨王阳明之所谓"朱子晚年定论"之是非，人们以为他是尊朱，然而，他主张"通天地，亘古今无非一气而已"，大讲"气质之性"一元性，所以黄宗羲说"整庵（罗钦顺）之论理气，专攻朱子，理气乃其主脑，则非其派下明矣！"顾宪成虽欲矫王学末流之弊，但却十分推崇王阳明"致良知"的学说，认为"其意最为精密"。所以，黄宗羲说："若使阳明之学可疑，则泾阳（顾宪成）皆可以疑矣！"正是由于王阳明学说所具有的思想解放的意义，所以晚明的学者们才能突破程朱理学的束缚，也包括突破陆王心学的束缚，纷纷自出手眼，独标新意，不仅在思想上充当新时代思潮的代言人，而且在学术上开创出重实际、重实践、重实证的一代新学风。

研究新兴质测之学的科学思想。明代中叶以后，中国社会商品经济的蓬勃发展，预示着一个"天工开物"的新时代行将来临。16-18世纪的一部分先进的中国学者，以朦胧的历史自觉顺应了这一时代要求。他们冲破儒家道统、象数迷信的束缚，掀起了一股

研究新兴质测之学的潮流。以李时珍、朱载堉、徐霞客、徐光启、李之藻、王徵、宋应星、方以智等人为代表，他们在自然科学领域潜心开拓，做出了许多与传统迥异、而与现代人的思想方法大致相同的新建树。这一时期，自然科学粲然成为独立的学科。自万历六年（1578）李时珍的《本草纲目》问世以后，大量的科学著作如雨后春笋般涌现，产生了朱载堉的《律历融通》、徐光启的《农政全书》和译著《几何原本》，徐宏祖的《徐霞客游记》，宋应星的《天工开物》，李之藻的《寰容较义》和《同文算指》，王徵的《远西奇器图说录最》和《额辣济亚牖造诸器图说》，梅文鼎的《勿庵历算全书》29 种、王锡阐的《晓庵新法》等一大批科学著作。他们的科学思想和由此带来的中国哲学的新突破，遂成为16–18 世纪中国文化中最具现代性的因素之一。在晚明的科学思潮中，江南学者徐光启、李之藻乃是走在时代最前列的人物。

最先表彰李时珍之科学成就的是江南学者王世贞。王世贞虽然主要是一位文学家，但却具有对于新生事物的敏感性。李时珍努力使中医学摆脱道教束缚，注重科学实证，且重视"明变求因"，以求"窥天地之奥而达造化之权"，竭毕生之精力而著《本草纲目》。王世贞发现了李时珍，欣然为《本草纲目》一书作序，使该书得以问世。在该书序言中，他不禁盛赞李时珍为"北斗以南第一人"，而且称赞该书为"性理之精微，格物之通典"。众所周知，宋明理学所讲的性理，是道德形上学的"性理"，而不是自然事物的性理；宋明理学所讲的"格物"，格的是伦理之物，而不是格自然之物；可是王世贞则公认宣称《本草纲目》能得"性理之精微"，称之为"格物之通典"，悄悄地改变了传统的"性理"和"格物致知"论的内涵。可见，在王世贞的思想中，无论是

"格物"的"物"还是"致知"的"知"，其所指的对象都已完全不同于往古。这正是感觉敏锐的江南学者已经意识到的变化已不同于既往的表现。

更有以徐光启为代表的一批早期启蒙学者，冲决传统的"夷夏之大防"，打破民族的狭隘性和片面性，以谦虚而诚挚的态度去学习西方传入的新知识。徐光启提出对西学要"虚心扬榷"、"拱受其成"，李之藻认为"宇宙公理非一身一家之私物"，他们都把西学、特别是西方自然科学看作是与"土苴天下之实事"的道学玄谈和"谬言数有神理"的象数迷信作斗争的有力武器。开始打破传统的重道轻艺的观念，产生了"精通一艺即可达于不朽"的新观念，技术科学蔚然兴起。徐光启亲自从事农学、天文仪器及火炮制造等各种科学实验活动，并且提出了在中国发展 10 项技术科学事业的计划。李天经在续成《崇祯历书》以后，又向朝廷提出了译述西洋工矿书籍的建议。黄宗羲更明确地提出要奖励研究"绝学"，将自然科学和技术科学纳入国家取士的范围。正是在这种科学研究勃兴的背景下，明末清初的著名学者方以智把"质测"列为与"通几"和"宰理"并列的三大学术门类之一，王夫之亦称自然科学为"专家之学"。

在西方，1687 年牛顿《自然哲学的数学原理》一书的出版被认为是近代科学诞生的标志，它第一次使人们认识到自然的现象、本质和规律可以用精确的数学语言来表达。同样，在中国的晚明，也产生了"缘数以寻理"的科学方法。似乎可以把这一科学的思想方法看作是 16-18 世纪中国科学思想的核心，是这一时期科学思想中最具现代性的因素。这一科学方法不是舶来品，它在利玛窦来华（1582）和利玛窦与徐光启合作翻译《几何原本》（1607）

之前就已在本土产生。但这一科学方法真正得以推广，却是在1607年徐光启与利玛窦合译的《几何原本》问世以后。徐光启认为，中国传统的自然科学为狭隘的经验论所束缚，"能知其然而不知其所以然"，而运用几何学方法的西方自然科学却能"一一从其所以然处指示确然不易之理"。他从数学和天文学等方面论证了他的上述观点，强调"几何之学，深有益于致知"而其方法论精髓正在于"一议一法，必深言所以然之故"，"能令学理者祛其浮气，练其精心，学事者资其定法，发其巧思，故举世无一人不当学"。与徐光启同时和稍后，李之藻、李天经、王徵等皆为宣传"缘数以寻理"的科学方法而不遗余力。顾炎武也认为："若历法，则古人不及近代之密。"他充分肯定了天文历算之学的价值和意义，自称"学究天人，确乎不拔，吾不如王寅旭"。

在晚明的江南，还有一位杰出的地理学家，他就是举世闻名的徐霞客。徐霞客蔑视科举功名，冲破"谶纬术数家言"及"昔人志星官舆地"的"承袭附会"之说，为纠正古地理书之谬误而以毕生精力从事科学的地理学考察，"以生命游"，"以性灵游"，"直抉鸿蒙来未凿之窍"，为科学的地理学研究献出了整个生命。他的《徐霞客游记》一书，得到了钱谦益等一大批江南学者的热烈表彰。

从理学到朴学的学术范式的转换。与面向自然、研究新兴质测之学的潮流并行，学术界亦出现了一股研究朴学的潮流，以杨慎、胡应麟、焦竑和福建学者陈第等人为代表。清代乾嘉年间达于极盛的朴学，实以中晚明学者的朴学研究为滥觞。这一研究朴学的潮流，与研究新兴质测之学的潮流一样，赋予了古老的"格物致知"说以科学的知性精神的崭新特征。

杨慎的具有鲜明个性的气质，使他在人格修养上以阳明学为"高"，以程朱理学为"卑"，但他对当时的王学学者和程朱派学者的学风都很不满：他既反对程朱后学"陈陈相因"；也反对王学末流的"渐进清谈，随流禅学"，转而推崇先秦诸子及汉唐诸儒，预示并开启了清代学者的致思倾向。在谪居云南的漫长岁月里，他广泛接触了云南各族人民的社会生活，从而把原始的阴阳、五行观念和《易经》的起源放到特定的背景下的人与自然的关系、人民的生产活动和社会生活中去加以考察，提出了许多具有启迪性建议的见解，开创了研究原始观念和中华文化起源的新思路。他更通过对云南少数民族社会结构的考察，得出了历史进化的结论。他把博览群书、取其精粹看作是考据的基本功，把求职看作是由博返约的过程，如同经过各种程序的炼制而使乳汁变为醍醐一样。后来陈子龙讲"采木于山，探珠于渊"，顾炎武讲"采山之铜"，皆滥觞于此。此外，他还独具只眼地指出旧史书有不少记载前后矛盾，不可尽信；后世多以官修史书证笔记小说之误，殊不知笔记小说亦可以正官修正史之误等等。这些观点，皆发清代考据学之先声。

　　泰州学派的著名学者、南京学坛领袖、被李贽引为知己的焦竑，是晚明考据学最热心的提倡者。他不仅自己从事古代文字音韵学的研究，而且致力于整理、刊刻前辈朴学家杨慎的著作，表彰陈第的音韵学研究。焦竑和陈第在古音学研究领域所取得的最大成就，就在于他们共同创立了以"内证"与"外证"相结合的科学方法。焦竑和陈第之所以从事古音考据，不仅是为了让学者们读书不要读错字，更重要的是为了以真知去排击唐宋以来、尤其是宋儒的经学。焦竑和陈第都想证明，宋儒连古经的很多字都不认得，能得"圣人之玄解"吗？以考据学为思想解放的工具，实在是晚明学者的一大发明，不仅使晚明思想界更显辉煌，而且为清代考据学的大发展开辟了道路。

与焦竑和陈第从事古音考据学差不多同时，有胡应麟作《四部正讹》，对古书辨伪方法作了全面的探索和系统的总结，详细论证了伪书的类型、产生的原因以及历代学者作伪的各种手法。梅鷟作《尚书考异》，为论证《古书尚书》乃晋人伪作提出了更多的证据。其中对顾炎武影响最大的是焦竑和陈第的音韵学研究，尤其是他们在古音学研究领域共同提倡的"内证"与"外证"相结合的科学方法。

文学革新的思潮。晚明的文学革新思潮是从归有光开始的。归有光（1507-1571），昆山人，是顾炎武好友归庄的曾祖父。针对所谓"文必秦汉，诗必盛唐"的拟古文风，归有光指出："仆文何能为古人？但今世相尚以承句为工，自谓欲追秦汉，然不过剽窃齐梁之余，而海内宗之，翕然成风，可为悼叹耳！"他以一个举子的身份公然面斥俨然一代文宗的南京刑部尚书王世贞为"庸妄巨子"，王世贞辩解说："妄则有之，庸则未敢闻命。"归有光回答说："惟妄，故庸，未有妄而不庸者也。"归有光为文自发机杼，独抒胸臆，不事雕琢，"以妙远不测之旨，发其澹荡不收之音"，作诗亦"似无意求工，滔滔自运，要非流俗可及"。颇有雅量的王世贞终亦心服归文的造诣，称赏归有光的散文"不事雕饰而自有风味，超然当世名家矣"。清代史学家王鸣盛高度评价了归有光在明代文坛上开风气之先的地位。与归有光差不多同时的江南著名文学家徐渭，也是文学革新运动的一位强有力的推动者。

文学革新思潮在江南达到高峰，是在李贽提出"童心说"以后、袁宏道任江南吴县知县的时候。袁宏道既深受李贽"童心说"的影响，又在吴县亲身感受到新的时代气息。万历二十四年（1596），也就是他担任吴县知县第二年的春天，他在江南举起了"性灵说"的旗帜，提出了"独抒性灵，不拘格套，非从自己胸臆流出，不肯下笔"的创作主张。他继承了归有光、徐渭对复古主义文风的批判，把这一批判推向了一个更高的水平，并通过这一批判阐明了富于历史感的文学演化论，洋溢着个性解放的时代精神。他说："盖诗文至近代，而卑极矣。文则必欲准于秦汉，诗则必欲准于盛唐，剿袭模拟，影响步趋，见一人有一语不相肖者，则共指以为野狐外道。曾不知文准秦汉矣，秦汉人曷尝字字学《六经》欤？诗准盛唐矣，盛唐人曷尝字字学汉魏欤？秦汉而学六经，岂复有秦汉之文？盛唐而学汉魏，岂复有盛唐之诗？唯夫代有升降，而法不相沿，各极其变，各穷其趣，所以可贵，原不以优劣论也。"他把这一命题概括为两个重要的命题，即："古之不能为今者，势也"，"今之不必摹古者也，亦势也"。正如后来钱谦益所说："中郎之论出，王、李（指王世贞和李攀龙——引者）之云雾一扫，天下之文人才士始知疏瀹心灵，披剔慧性，以荡涤模拟涂泽之病，其功伟矣。"我们从顾炎武的诗论中，可以明显地看到袁宏道的上述观点的影响。

"明经以为世用"的思想学术新路的开启。顾炎武之所以能不囿于东林学派的局限，超越程朱陆王之争，提出以经学代理学的学术宗旨，则不能不归功于吴中名士何良俊、归有光、特别是钱谦益等人的学说所给予他的深刻影响。他们是顾炎武倡导"经学即理学"的直接先驱。

松江名士何良俊（1506–1572）是较早倡导"明经以为世用"

的吴中著名学者。他说："先儒言经术所以经世务……舍五经而言学，则学非其学矣。今五经具在，而世之学者但欲假此以为富贵之阶梯耳。求其必欲明经以为世用者，能几人哉？"他又说："晋人喜谈玄虚，南宋诸公好言理性，卒之典午终于不竞。宋自理宗之后，国势日蹙。而胡虏乘衅，得以肆其窃据之谋。故当时有识者云：遂使神州陆沉，王夷甫诸人不得不任其咎。宋人亦言不讲防秋讲《春秋》，盖深以为失计也。此非所谓游谈妨务祸及家国者耶？或者，晋宋当偏安之朝，人主无意恢复，而豪杰之士无以展其所抱，故退处里巷，讲明学术以启迪后进，固无不可。岂有当此盛朝，土地之广，生聚之众，政事之繁多，既委身于国受民社之寄，日勤职业，犹惧不逮，而乃坐糜廪禄，虚冒宠荣，终日空谈，全废政务，岂非圣世之所必诛者哉！"

归有光不仅是一位杰出的文学家，而且是一位在经学研究方面开风气之先的人物。《光绪嘉定县志》说："其学湛深经术，尤精于《易》，古文神似马迁……邑人多从之游，后之通经学古者，源皆出于有光云。"归有光以经学为实学，主张探本溯源，经世致用，既指责朱学的玄言高论，割裂章句，又批评王学的蹈虚空谈，堕入不学。他主张跳出程朱陆王之争的窠臼而返求诸六经，指出："圣人之道，其迹载于六经，其本具于吾心。……六经之言，何其简而易也！不能平心以求之，而别求讲说，别求功效，无怪乎言语之支，而蹊径之旁出也。"归有光论"讲经"和"讲道"之辨，其中似乎就已经隐然蕴含着后来顾炎武所倡导的"经学即理学"的意味。他说："汉儒谓之讲经，而今世谓之讲道。夫能明于圣人之经，斯道明矣。"又说："天下学者，欲明道德性命之精微，亦未有舍六艺而可以空言讲论者也。"针对士子们以八股时文为功名利禄之敲门砖而不惜剽剥攘窃、抄袭模拟的恶劣学风，归有光批评说："近来一种俗学，习为记诵套子，往往能取高第，浅中之徒，转相仿效，更以通今学古为拙……然惟此学流传，败坏人才，其于世道，为害不浅。"我们从顾炎武对科举制度的弊端所作的尖锐批判中，可以明显地看出其对归有光的思想的继承。

归有光的学术思想，赖有东林巨子钱谦益的大力推崇而得以弘扬。钱谦益15岁起师事无锡顾宪成，26岁又拜太仓管志道为师，28岁时又在京结识了李贽的弟子"公安三袁"之一的袁小修，由此而崇拜李贽，有"龙湖一瓣心香宛在"之说。在出入多家学说的基础上，以"讲求古昔，拨弃俗学"为宗旨，倡导了以"讲求实学，由经术以达于世务"的江南新学风。钱谦益不仅与归有光的孙子归昌世一起搜集、整理、编辑、刊刻了《震川先生文集》，而且对归有光学术思想给予了大力表彰。"启、祯之交，天下望祀先生（指归有光——引者），如五纬在天，芒寒色正"，皆由钱谦益发其端。钱谦益的学术思想，对于江南学界产生了巨大影响，被黄宗羲誉为江南学界的"堂堂之阵，正正之旗"，也被顾炎武最好的朋友归庄誉为"除榛莽，塞径窦"，使学界"趋于正道"的一代宗师。其创见主要表现在以下方面。

第一，在深刻反思南宋以来学界之通弊的基础上，明确提出了以经学代道学的主张。他说："经义之弊，流而为帖括；道学之弊，流而为语录。是二者，源流不同，皆所谓俗学……此南宋以来之通弊也。"他认为："今诚欲回挽风气，甄别流品，孤撑独树，定千秋不朽之业，则惟有返经而已矣！"明确提出了"圣人之经，即圣人之道"，以经学代道学的主张。钱谦益关于经学并无大部头的专门著述，但从他关于一些书籍的序、跋和论学的书信中，

仍可窥见其对经学有深湛的研究，对经学发展的脉络了如指掌。《新刻十三经注疏》序可以说是代表其经学观点的纲领性之作。在这篇关于经学的著名论文中，他提纲挈领地勾勒了经学以及十三经之传注、笺解、义疏的演变，肯定汉儒治经之踏实，指出宋人治经之流弊："宋之学者，自谓得不传之学于遗经。"实际上则是"扫除章句，而胥归于身心性命。近代儒者，遂以讲道为能事，其言学愈精，其言知性知天愈眇，而穷究其指归，则或未必如章句之学，有表可循，而有坊可止也"。这里，已明显反映出其扬汉、抑宋的学术倾向。他在该文中还尖锐地讽刺道学："道学之偷也，流而为俗学，……生心而害政，作政而害事，学术蛊坏，世道偏颇，而夷狄寇盗之祸，亦相挺而起……诚欲正人心，必自反经始；诚欲反经，必自正经学始。"他还特别强调"为经足以通理"，这正是顾炎武所谓"经学即理学"之说的先声。

第二，他明确提出了"讲求实学，由经术以达于世务"的口号，呼唤"自经史古今，以至于礼乐兵刑阴阳律例勾股测望，无所不贯穿"的经世致用之学。他以经学为实学，经史并重，反对理学和八股，批判明代学风中的"经学三谬"和"史学三谬"。他说："盖经学之谬三：一曰解经之谬。以臆见考《诗》《书》，以杜撰窜三《传》，凿空瞽说，则会稽季氏本为之魁。二曰乱经之谬。石经托之贾逵，诗传拟诸子贡，矫诬乱真，则四明丰氏坊为之魁。三曰侮经之谬。诃《虞书》为俳偶，摘《雅》《颂》为重复，非圣无法，则余姚孙氏镶为之魁。又论"史学三谬"云："史学之谬三：一曰读史之谬。目学耳食，踵温陵卓吾之论，而漫无折衷者是也。二曰集史之谬。攘遗拾沛，昉毗陵荆川之集录，而茫无钩贯者是也。三曰作史之谬。不立长编，不起凡例，不谙

典要，腐于南城，芜于南浔，踳驳于晋江，以至于盲瞽僭乱，蟪声而蚋鸣者皆是也……凡此诸谬，其病在膏肓腠理，而症结传变，咸著见于文章。”

第三，他提出了“治经必以汉人为宗主”和全面考察经学源流的学术思路。他认为：“六经之学，渊源于两汉，大备于唐宋元初。其固而失通，繁而寡要，诚亦有之，然其训诂皆原本先民，而微言大义，去圣贤之门犹未远也。学者之治经也，必以汉人为宗主，如杜预所谓原始要终。寻其枝叶，究其所穷，优而柔之，餍而饫之，涣然冰释，怡然理顺，然后抉摘异同，疏通凝滞。汉不足求之于唐，唐不足求之于宋，唐宋皆不足，然后求之近代。庶几圣贤之仞可窥，儒先之钤键可得也。”

他以东林巨子、文坛盟主的身份，向着素以感觉敏锐、得风气之先的苏州学者们发出呼吁，号召他们在复兴经学方面首先承担起自己的历史责任。他说：“吾苏土风清嘉，文学精华，海内之学者，未能或之先也。在有宋时，天下之立学自吾苏始。而安定之教条，所谓传经谊，信师说者，吾苏土实先被之。近世以来，剿袭谬妄之学，流传四方者，吾苏土应和之最捷。苏之于海内，盖所谓得气之先者也。溯流而穷源，数典而尊祖，邮文词返经术，祢安定而宗周、孔。吾苏之人士，能不首任其责也乎？”他的这一呼吁，得到了江南学者们的热烈响应。

复社的领袖人物张溥、陈子龙都是徐光启的学生，同时也是钱谦益提倡复兴经学的闻风而兴起者。复社的兴起，从思想学术的视角看，乃是继东林之后的又一场儒学革新运动。复社领袖张溥思考的问题是，为什么国家以经义取士，可结果却是“椓人持柄”、阉党专权？为什么“析枝舐痔，半出于诵法孔子之徒”？他认为，根本的原因就在于"俗学"的泛滥，"诗书之道亏，而廉耻之途塞"，"公卿不通六艺，后进小生剽耳佣目，幸弋获于有司"。而解决问题的办法只有从革新儒学入手，"尊遗经，砭俗学，俾盛明著作，比隆三代"。晚明社会矛盾激化，复社领袖在主张"通经致用"的同时，更注重迫在眉睫的社会经济政治军事问题的解决。而复社领袖在思想学术上的最大作为，就是皇皇五百余卷的《皇明经世文编》的编撰。顾炎武既讲"经学即理学"、更重视"当务之为急"的学风，犹是复社领袖、他早年的亲密朋友陈子龙等人学风的流风余韵。

崇祯十一年（1638），顾炎武26岁之时，陈子龙主持编撰了著名的《皇明经世文编》。《皇明经世文编》共有九卷序文，分别由方岳贡、张国维、任濬、黄澍、张溥、许誉卿、冯名玠、徐孚远、陈子龙所撰写。他们所做的序文，表达了思想敏锐的江南学者要求扭转空疏学风，开辟重实践、重实际、重实证的学术新风的共同心声。

方岳贡所作的序文，开篇就说："文章莫尚乎经济矣！"对于《皇明经世文编》给以极高的评价："览其规画，足以益才智；听其敷奏，足以壮忠怀；考其始终，足以识时变。"

张国维在序言中说："夫士大夫之学术，至今而不知古，其弊也凡陋；知古而不知今，其弊也迂疏。必欲兼之，则知古易而知今难者。"

任濬在序言中，批评当时的一般士大夫："豆目不足以研变，苋肠不足以贮理。于是略不能以措治，道不可格君，敷奏则隔靴，诘责则透襞。此非不才不忠之过，而不学之过也。"

许誉清序云："经世编者，吾郡诸子志在用世，参订往哲，备一代经济之书也。"

　　冯明玠所作的序文，开篇就呼唤经世之才、经世之识、经世之文，痛斥利禄之徒败坏人才。其言曰："有经世之才，必济以经世之学；有经世之识，始抒为经世之文。才与学与识兼备而人重焉……才之所以坏，则利禄之途坏之；学与识之所以昏，则利禄之荧昏之。"文章充分肯定了陈子龙等人的"汲汲为救时之用"的学术取向。

　　陈子龙所作的序文，更明确地提出了学者应研究经世致用之"实学"的主张。其言略云："俗儒是古而非今，文士撷华而舍实。夫保残守缺，则训诂之文充栋不厌，寻声设色，则雕绘之作永日以思。至于时王所尚，世务所急，是非得失之际，未之用心，苟能访求其书者盖寡，宜天下才智日以绌。故曰士无实学。……或曰，昔汉东平王求太史公书，而大臣以为汉兴之初，谋臣奇策，地形阨塞在焉，不宜赐诸侯王。今此书多议兵食，论形势，国之大计，何以示人？予曰不然。"

　　《皇朝经世文编·凡例》该书编撰宗旨云："儒者幼而志学，长而博综，及致治施政，至或本末眩瞀，措置乖方，此盖浮文无裨实用，拟古未能通今也。唐宋以来，如《通典》《通考》，暨奏疏、衍义诸书，允为切要，亦既繁多，乃本朝典故缺焉未陈。其藏之金匮石室者，闻见局促，曾未得睹记。所拜手而献、抵掌而陈者，若左右史所记。小生宿儒，又病于抄撮，不足揄扬盛美，网罗前后。此有志之士，所抚膺而叹也。徐子孚远，陈子子龙，因与徽璧取国朝名臣文集，撷其精英，勒成一书。如采木于山，探珠于渊……志在征实，额曰经世云。"又云："天下有一定之理，有万变之事。正心诚意之言，亲贤远佞之说，治忽之分，罔不由兹。然义简而直，数语可尽……至于万变之事，代不同制，人各异师，苟非条析讲求，何以规摹得失。若乃方幅之内，或已迂阔见饥；廓落之谈，复以功利相摒；鄙人不敏，敬闻命矣！"

以上论述可以使人们强烈地感受到江南学界研究经世致用之学的文化氛围，感受到江南学者们意气风发的精神风貌。这是顾炎武亲身濡染的文化氛围，是滋养、呼唤和造就一代思想学术巨人的文化氛围。

5. 转型时代，矛盾重重

既然晚明中国社会是如此富于新兴气象，早期市民阶层和先进的中国知识界是如此意气风发，那么，为什么又会出现晚明的社会大动乱和以清代明的历史悲剧？这是当年顾炎武苦苦思索的问题，也是我们今天总结中国现代化道路的经验教训时所不能不认真正视的问题。

在中国传统社会中，社会的主要矛盾是人民大众和皇权官僚专制主义的矛盾。但在明末中叶以后，中国社会开始近代转型的新的历史条件下，这一矛盾又具有新的表现形式和内容。

一是经济发展与政治改革严重滞后的矛盾。晚明中国社会流行的"工商皆本"的经济思想，在相当大程度上已经为统治者所接受，并通过实行变实物赋税和劳役赋税为货币赋税的"一条鞭法"改革、"以银代差"的匠籍制度改革以及开放东南沿海的对外贸易等等，而使得古老的中国开始走上了具有近代性的改革开放之路，以至于被反动派称为"今人立法，厚末抑本"；但在政治领域，面对"无官不盗窃，无守不赂遗"的严重制度性腐败，政治改革却一直处于举步维艰的状态。

当然，不能说晚明中国的政治领域没有一点新兴气象。一个特别值得注意的事实是，明代中叶以后，中国社会的政治透明度和言论自由的程度都有了很大提高，现存的《万历邸钞》一书就充分证明了这一点。《万历邸钞》始于万历元年（1573），止于万历四十五年（1617），是时人从明朝的官方报纸——朝廷通政司所办的《邸报》上抄录下来的，其内容除了政治报道（如皇帝活动、皇室动态、皇帝诏谕、官员升迁罢黜）、经济报道（国库和朝廷各部门的财政收支情况）、教育报道、军事报道、重大突发事件（各地民变等）的报道、社会新闻、时事评论之外，更重要的是关于重大政治问题的讨论、对朝廷弊政和官场黑暗的揭露等等。尤为令人瞩目的是《邸报》上所刊登的大量的直接批评皇帝本人的言论：如赵志皋的论"国是五难"，马经纶批评万历皇帝有"五罪"、"失人君之职"等等。明朝的报纸，除了官办的《邸报》以外，还有大量的民间报纸。这些民办的报纸，也是在隆庆、万历年间诞生的。于慎行《谷山笔麈》卷十一中所提到的"报房贾儿博锱铢之利"的"报房"，沈榜《宛署杂记》中所说的作为国家征税对象的市井百行之一的"抄报行"，明代小说中所描写的以"贩卖新闻"为业的大量民间报人的存在等等，都证明了晚明中国已经有了具有合法性的、相当发达的独立的民间自由媒体。虽然这一很高程度的政治透明度和言论自由的状况在天启年间阉党专权的几年受到了扼杀，但崇祯皇帝朱由检一举粉碎了阉党政治集团、实现拨乱反正之后，中国社会在言论自由方面又重新恢复到万历年间的状况。崇祯皇帝除了要求对军事报道要注意防止泄露国家机密以外，对于言论自由没有加以更多的限制，而且还十分明确地确立了"朝廷不以语言文字罪人"的政治原则，这在中国历史上几乎是前所未有的。

然而一切都已经太晚了。仅有言论自由，充其量也只是一种开明专制，这种开明专制的统治已经不能解决晚明严重的社会危机了。对于病入膏肓的制度性腐败，崇祯皇帝已经完全无能为力了，不仅一切政治运作率循旧章，而且对于知识分子的党社运动更是疑忌重重。似乎可以说，明王朝用一只手将中国推上了近代资本主义的发展道路，但已经没有能力用另一只手来推进中国社会的政治改革进程了。这种状况的继续，终于导致了社会危机的全面爆发、明朝的灭亡和先进的汉民族被落后的游牧民族所征服的历史悲剧。

在晚明的七、八十年间，也出现了一些改革家试图在其权力所及的范围内推行一些触及制度层面改革。如隆庆年间中国改革的先驱者海瑞以及万历元年至十年（1573-1582）担任内阁首辅的张居正，但都无济于事，很快使改革成果付诸东流。

二是改革与僵化的儒学意识形态矛盾。晚明史证明，要解决皇权和官僚集团与人民大众的矛盾，同时也解决新兴的工商业经济与专制制度的矛盾，就必须切实推行经济和政治改革。而张居正在经济和行政方面的改革成就之所以不能巩固，张居正以后一切改革的建议都被束之高阁，就在于官僚士大夫集团对改革的抵制。而抵制改革的最有力的武器，就是僵化的儒学意识形态。

然而，吊诡而又发人深省的是，将试图为改革奠定意识形态基础的两位杰出的思想家——何心隐和李贽——迫害致死的，恰恰不是最反动最顽固的反改革派，而是主张改革的一度当政的人们：何心隐是张居正授意通缉的要犯，于万历七年（1579）被害于武昌；李贽被代表东南工商业者利益的早期东林党人张问达、冯琦弹劾，于万历三十年（1602）死于皇城狱中。

是什么原因造成这种不可思议的悲剧？这不仅仅是他们个人之悲剧，而且是当时中国社会时代之悲剧。问题还在于意识形态上，出在统治阶级的短视的实干家与有远见的思想家的矛盾上。马克思说得好，统治阶级的短视的实干家与有远见的思想家的分裂，"甚至可以发展成为这两部分人之间的某种程度上的对立和敌视"。

三是东西部经济发展严重不平衡的矛盾。这一矛盾对于明王朝来说，同样是致命的。一个被裁撤下岗的驿卒居然能够率领中西部的百万农民攻进北京，逼得崇祯皇帝在煤山上上吊，可见社会矛盾激化到了何等地步！东西部经济发展不平衡，固然由来已久。但到了崇祯初年，却出现了前所未有的巨大反差。与江南和东南沿海一派烟柳繁华的景象相比，在中国的中西部地区则出现了另一番惨不忍睹之景象。特别是陕西、河南，本来经济发展就严重滞后，许多地方的民众连温饱问题都不得解决。加上连年饥荒，衣不蔽体，食不果腹的人们吃完了树皮、草根就"掘山中石块而食"。吃石块会导致腹胀下坠而死，于是人们便"析人骨以为薪，煮人肉以为食。而食人之人，亦不免数日后面目赤肿，内发燥热而死矣。于是死者枕籍，臭气熏天"。但即使在这种情况下，官府仍在严为催科。于是，饥荒中的幸存者们只有逃命，"此处逃之彼，彼处复逃至此，转相逃则转相为盗，此盗之所以遍于秦中矣"。

然而，在表面上的东西部经济发展不平衡的矛盾后面，隐藏着的仍然是皇权和官僚集团与人民大众的矛盾。要维持帝国之稳定，必须从解决皇权和官僚集团与人民大众的矛盾着手。皇帝骄奢淫欲，宫女万计，太监十几万，宫廷开支太大，难道就不能来一次大裁减吗？皇帝不肯。为什么？这是传统，儒家礼教说"是之谓盛德"。如果要标榜节俭，也不过是减少一些宫廷开支，如皇帝的膳食费、宫女的脂粉费而已。让官僚们把自家养的"一队妖娆"的钱拿出来如何？让他们把大吃大喝的钱拿出来如何？让他们把大修园林宅地的钱拿出来如何？裁撤掉专门为官员服务、负责"三陪"、"四陪"的身隶乐籍的庞大的官妓队伍如何？这总不至于影响发达地区的繁荣吧！然而也做不到，因为传统如此。而且这一切都可以从圣贤书里找到依据。况且自古以来，"国制不废女乐"，一切都已成定制。要官僚们稍稍放弃一点特权，做不到。

四是民族矛盾，即以汉族为主体的多民族统一国家与另立朝廷、分裂国土、并实行民族征服政策的满族军事贵族的矛盾。以清代明的民族危机，早在万历年间就开始酝酿。万历十五年（1587）前后，我国东北建州卫的女真部落趁着万历皇帝日益昏庸的机会，悄然崛起于白山黑水之间。万历四十四年（1616）正月，努尔哈赤居然干起了分裂明朝国土的勾当，建国号为"金"，建元"天命"，不仅分裂明朝的大片国土而俨然成为一主权独立国家，而且其妄称"天命"亦已表明其志在取明王朝而代之的野心。万历四十六年（1618）四月，努尔哈赤以所谓"七大恨"伐明，在短短3年内占领了除辽西以外的东北广大地区，使大量汉族人民沦为农奴，并且继续不断地以武力来破坏汉族人民的和平生活。民族矛盾从此上升为主要矛盾。

汉族人民反对国家分裂、捍卫国家尊严、保卫自己的和平生活的民族保卫战争，具有无可争辩的正义性质。从经济上看，满族实行的是奴隶制的生产关系，远比汉民族落后；从政治上看，分裂国家，并以武力屠杀汉族人民，更是不可容忍的滔天罪行。天启六年（1626），明朝军队取得了举世震惊的宁远之战的伟大胜利，使分裂国土的后金皇帝受重伤逃归而死；次年又获得宁锦大捷，使皇太极大败而逃。但满族的军事贵族并没有因此而放弃分裂国家、并伺机趁火打劫抢夺天下的罪恶野心。崇祯年间，后金军队曾3次绕道进入关内，在河北、山东境内大肆烧杀抢掠，除了抢劫粮食和财富以外，还把大量汉族人民掳掠到关外去给他们当奴隶。只是由于明王朝仍以重兵镇守山海关，满清军事贵族一时还难以实现其民族征服、取明王朝而代之的野心。直至1644年李自成的农民军攻克北京城以后，信守"宁赠友邦，勿与家奴"的反动政治哲学的明朝山海关总兵吴三桂引清军入关，由此才酿成了中夏亡国267年的惨祸。

清军入关后，汉族人民进行了长达四十余年的民族保卫战争。满清军事贵族之所以能够成功地实现对汉民族的征服，完全不是由于其"得人心"，而是完全靠血腥的杀戮。在清军南下攻城掠地的过程中，凡遇抵抗，一旦城池被破，就要将这一城池的人民全部杀光。"扬州十日"，被屠杀的汉族人民多达80万人，接近侵华日军南京大屠杀的3倍；"嘉定三屠"，以及江阴、昆山、广州、大同等地的屠城，被屠杀的汉族人民少说也有几百万，更不用说满清军队从东北南下途中的疯狂杀戮了。康熙皇帝镇压南方汉族人民的反抗，又再一次重演了1645年清军下江南时的暴行，南方各省的汉族男子被大量屠杀，而扬州和南京的街市竟成了八旗兵丁把南方各省的妇女当做"羊豕"一般贩卖的人肉市场。面对如此野蛮的民族征服，一个民族如果不想完全灭种，就不可能长期公开地抵抗下去。这就是满清统治得以巩固的根本原因。

以清代明，一个经济文化落后的边疆民族征服了综合国力相当于它十倍、百倍的先进的汉民族。这一惨痛的历史教训促使先进的汉民族人们深刻反思：究竟是什么原因导致了亡国的历史悲剧？顾炎武在 32 岁前，亲身感受到明王朝的制度性腐败的政治氛围，亲眼目睹了苏州人民阻止阉党逮捕东林党人的正义行动，亲身参加了复社志士们的政治活动；32 岁后的顾炎武，几乎与汉族人民长达四十余年的民族保卫战争相始终。对于晚明经济的发展与政治改革严重滞后的矛盾、改革与僵化的儒学意识形态的矛盾，以及汉族人民与满清奴隶主军事贵族的矛盾，顾炎武都有着异乎寻常的深刻体验；如何解决这些矛盾，也正是时代向顾炎武等一批早期启蒙思想家所提出的问题。时代呼唤思想巨人。正是对时代所提出的这些问题的深入思考，使顾炎武成为晚明社会改革思潮和学术思潮的总结者，成为与黄宗羲、王夫之齐名的一代继往开来的伟大的早期启蒙思想家。

二、顾炎武的生平事迹

顾炎武（1613-1682），字宁人，明南直隶苏州府昆山县（今江苏昆山）人。学者称亭林先生。他初名顾绛，字忠清；入学时更名为顾继绅，加入复社后复名顾绛，清军南下后，他奋勇参加了江南人民的民族保卫战争。因敬仰南宋著名民族英雄文天祥的门生王炎午的忠贞品格，改名为顾炎武，又作炎午，字宁人，又字石户。后曾一度化名圭年（即顾宁人之谐音），号涂中，以经商为掩护，在大江南北广泛联络反清复明人士，从事反清的秘密活动。在此期间，又曾使用过蒋山佣、顾佣、王伯齐等化名，号称"鹰扬弟子"。为了民族的复兴，他"九州历其七，五岳登其四"，出入险阻，广交豪杰，两入牢狱，坚贞不渝，与黄宗羲、王夫之、方以智、傅山、屈大均等著名爱国学者心神相通，寂感相应。身处"沧海横流，风雨如晦"的时代，面对清廷"禁网日益密"的专制暴政，他始终坚定地思考着时代提出的民族复兴的思想文化主题，上下求索，殚精竭虑，著书立说，以待未来，成为明末清初与黄宗羲、王夫之齐名的伟大的爱国学者和大思想家。

1. 炎武家世，江东望族

明神宗万历四十一年（1613）五月二十八日，顾炎武出生于江南苏州府昆山县城东南 36 里的千墩镇。

锦绣江南，吴门自古繁华。古人以为天地钟灵毓秀之气荟萃之地，有"五湖三泖"之胜。顾炎武出生的千墩镇，正处于江南水乡的"五湖三泖"之间。此地西通郡城苏州，东临松江府，南连吴江、杭州，舟楫往来，甚是便捷。

顾氏为江东望族，民间素有"江南无二顾"之说。据顾炎武说，南朝梁陈之际的大学者顾野王就是他的始祖，苏州阊门外的义学旁有顾野王读书处，其墓就在苏州吴县横山东五里的越来溪上。顾野王家有亭林湖之胜，当时的人们遂称此地为"顾亭林"。因为有这个典故，所以朋友们都称他为"亭林先生"。

从顾庆开始算起，历经 12 代，到明朝正德年间，也就是顾亭林的高祖一辈，开始入仕做官，顾家从此兴旺起来。顾亭林的高祖、曾祖、祖父 3 代，一共出了 4 名进士，且都当了大官。

顾溱，字梁卿，号小泾。正德辛巳（1521）进士，官至南京工科给事中、广东按察司金事。

顾济，亭林高祖，顾溱的弟弟。字舟卿，号思轩，正德十二年（1517）进士，历官行人、刑科给事中，赠中宪大夫、江西饶州府知府。

顾炎武的曾祖叫顾章志，是顾济的次子。字行之，号观海。嘉靖三十二年（1553）进士。历官行人、行人司副、行人司正，刑部员外郎中，江西饶州府知府，湖广、广西按察司副使，贵州布政司，参政贵州，山东按察司按察，南京光禄寺卿，应天府尹，最后官至南京兵部右侍郎。卒于官，赠都察院右都御史，赐葬昆山县尚书浦西鸣字圩（今千灯镇南，原千灯中学内），亭林《寄弟纾及友人江南》诗中提到："吾家有赐茔，近在尚书浦。"就是指曾祖的墓地。顾章志为人正直，刚入朝为官时严嵩父子权倾朝野，其他人争相趋之，惟顾章志不愿去巴结他们。后来他出任饶州知府，饶州地方民风强悍而且好斗，其中有一些官吏还暗中挑唆，顾章志通过认真调查研究，抓住问题之关键，依法惩办不良官吏。晚年曾上疏减少进奉马船之数量，亦得皇帝认可，使老百姓得实惠。顾章志是当时顾氏家族中最重要的人物之一。

顾炎武的本生祖名叫顾绍芳，是顾章志的长子。字实甫，号学海。万历丁丑（1577）进士。历官翰林院检讨、经筵日讲官、知制诰等职。因病告归，47 岁卒。顾绍芳生性恬静，比较耿直，他认为人的一生总有荣辱得失，只有把握得正，不随便依傍他人。他为官廉洁，曾办义学教化族人，还用余粮救济贫困，口碑极好。

作为江东望族，顾氏家族世世代代为儒。顾炎武在《钞书自序》中说得明白："炎武之先家海上，世为儒。"到高祖顾济之时，家始有大批藏书。据顾炎武记录："自先高祖为给事中，当正德之末。其时天下惟王府、官司及建宁书坊乃有刻板，其流布于人间者，不过《四书》《五经》《通鉴》性理诸书。他书即有刻者，非好古之家不蓄，而寒家已有书六、七千卷。"后来倭寇犯江东各州县，烧杀抢掠，千灯镇也未幸免，顾家老宅连同高祖收藏的数千卷书籍全部被倭寇焚毁。

以顾炎武观之，曾祖顾章志是顾氏家族中兴之重要人物，其为官清正，亦酷爱读书。"历官至兵部侍郎，中间莅方镇三四，清介之操，虽一钱不以取诸官。而性独嗜书，往往出俸购之。"因之，家中藏书渐多，只是所收藏的版本较高祖稍有逊色。

曾祖之藏书后一分为四，分别给他三子一侄。亭林嗣祖顾绍芾得其中一份，他也犹喜读书，经多方购求，藏书渐增，至炎武知学，藏书复有五六千卷。这些书籍全部收藏于"库楼"之中。良好之家学传统，反复之积累收藏，乃成一知识的宝库，并养成读书之良习，这为亭林以后之读书、抄书、著书打牢基础。

亭林嗣祖是顾章志的仲子——顾绍芾。绍芾字德甫，号蠡源，又号梦庵。国子监生，是一位有着非凡个性、才气和见识的人。"性豪迈不群"，"天下骏发，下笔数千言"；与著名的公安派诗人袁宏道志趣相投，互有信札往来、诗文唱和。虽然在科举的道路上很不得志，只能以生员而入国子监读书，取得了一个监生的资格，但当时的名公巨卿都很欣赏他的才气和见识。他还写得一手好字，顾炎武认为其"书法盖逼唐人"，就连江南著名的书画家董其昌都说："见德甫笔墨，令人有退舍之想。"他从 50 岁以后，就不再参加科举考试，而把主要精力用于经世致用之学的研究："取全史所记朝章、国典、地形、兵法、盐铁、户口，悉标识之，以备采择，尤注心节义之行，详举其事，以奖励末俗。"他十分关心时局的变化，注重研究当代政治。明朝有一种叫做《邸报》的政府公报，最初只是靠抄写流传，从崇祯十一年起才开始铅印出版，颇似今日之报纸。从万历四十八年至崇祯九年（1620-1636）的 17 年间，顾绍芾为保存当代史料，坚持将每一期《邸报》中的内容抄写下来，细字草书，一纸二千余字，共装订成 25 册。晚年手不能书，尚取《邸报》标识其要。他著有《庭闻纪述》《梦阉诗草》等书，其学问和见识，对顾炎武影响尤为巨大。

嗣祖蠡源公自幼随父宦居四方，阅历非常丰富，熟谙明末三朝故事。晚年虽说足不出户，但是尤为关心国家大事，对苏州一带所发生的事了如指掌。天启元年（1622），后金兵攻取沈阳、辽阳，四川土司奢崇明亦起兵造反。次年，后金军队攻陷广宁，贵州土司安邦彦、山东白莲教首领徐鸿儒亦相继起义。严重的外患和内忧刺激着顾绍芾的心灵，他指着庭院中枯黄的草根对顾炎武说："尔他日得食此幸矣。"于是决定教顾炎武读《孙子》《吴子》等古代兵书，以及《左传》《国语》《史记》等著作。顾炎武11岁时，蠡源公又亲自讲授《资治通鉴》。顾炎武14岁那年考入昆山县学，成了一名生员，即秀才。府试成绩颇佳，受到知府寇慎的夸奖。对此，顾炎武一直铭记在心，54岁后，顾炎武游山西，还专门到寇慎的墓前祭拜。15岁学完《资治通鉴》后，祖父又叫他读《邸报》，关心时事朝政。

顾炎武的曾祖有3子：长子顾绍芳，即顾炎武的祖父；二子顾绍芾，即顾炎武的继嗣祖父；三子顾绍芬。顾绍芳的次子顾同应，是亭林的本生父。同应字仲从，聪明好学，精于举子业，工诗文，为邑廪生。万历乙卯、戊午两次考中乡试副榜，恩荫入国子监。42岁去世。顾同应豁达大度，尽管家财不丰，然乐善好施。因之，他去世之时，亲友前来，为之送行，竟现千灯镇之店铺悉数关门，几乎如同罢市之景。顾同应著有《药房集》《秋啸集》等诗集，《明诗综》评论："仲从诗，词淡意达，有白云自出，山泉冷然之致。"顾同应娶何氏为妻，有5子4女，顾炎武是其仲子。顾同吉为顾绍芾之独子，18岁早卒，因无子嗣，故将顾炎武过继为其嗣子；而顾同吉的未婚妻王氏自愿到顾家为其守贞，故王氏即顾炎武之嗣母。其时嗣祖顾绍芾51岁，嗣母王氏28岁。

顾炎武嗣母王氏（1586—1645），是明辽东太仆寺卿王宇之孙女，父亲为国子监的太学生王述。王氏是一位受过严格传统道德教育、有着良好文化教养之女性。从小读书识字，尤喜读《史记》《资治通鉴》和明代政纪方面的书。她孝敬公婆，为治好婆婆的病，曾悄悄地割下自己的一只手指作药引。这在今天看来固然是不懂科学的无知行为，但在古代，却是被视为至孝的道德意愿。对待顾炎武，她像对亲生儿子一般的慈爱。顾炎武3岁时患痘疮，生命垂危，幸亏她精心照料，方才保全性命。在顾炎武之记忆中，王氏白天纺纱织布，晚上挑灯夜读。在顾炎武6岁之时，王氏就在闺中亲自给他讲授儒家经典《大学》，作为他童年蒙学之第一部书，《大学》很短，主要是教人树立家族、国家和社会的概念，后来顾炎武一生以天下国家为己任，与王氏蒙学打下的基础不无关系。顾炎武十多岁时，王氏还给他讲运筹帷幄的刘基、刚正不阿的方孝孺、当机立断的于谦等明朝大忠臣的故事。这些故事都深深扎根于顾炎武脑海之中，成为其终身的精神支柱和力量源泉。

由此可见，顾炎武的嗣母王氏绝非一般家庭妇女。她身上体现出中国古代道德的最高标准，即一"孝"和一"贞"，诚实守信，忠贞于亡夫；在国难当头之时，以六旬老妪，与国家同呼吸共命运，绝食而亡，这是何等的民族大义和节气！在她的身教言传之下，顾炎武自幼就树立了优良的品德和高尚的人格。

2. 天下兴亡，匹夫有责

参加复社。顾炎武之青年时代，正是大江南北读书人的结社活动最为活跃的时期。所以顾炎武17岁时就参加了复社。复社有"小东林"之称，最初是由吴江的孙淳发起成立的。与复社差不多同时成立的还有太仓人张溥、张采、苏州人杨维斗所创的应社、松江人陈子龙、夏允彝所创立的几社，以及浙西的闻社、江北的南社、江西的则社和历庭的席社、吴门的羽朋社和匡社、武林的读书社、山左的朋大社等等。崇祯元年至二年间（1628-1629），在张溥和张采的号召下，大江南北各地的会社统合于复社，"期与四方之士，共兴复古学，将使异日者，务为有用"；同时，复社成员须做到"忘其身惟取友是呕，义不辞难而千里必应"。

　　崇祯二年（1629），复社召开了尹山大会。"刑牲而盟，告之天地，倚盖终身，砥砺期许。"顾炎武加入复社，正在此时。尹山大会后的第二年，顾炎武赴南京参加应天乡试，当此四方士子咸集之际，复社又召开了金陵大会。崇祯五年（1632）的苏州虎丘大会，更是盛况空前："山左、江右、晋、楚、闽、浙以舟车至者数千余人，大雄宝殿不能容，生公台、千人石，鳞次布席皆满，往来丝织……观者甚众，无不诧叹，以为三百年来，从未一有此也。"

　　顾炎武是同同里好友归庄一起加入复社的。"有生同里，长同学，出处患难，同时同志"，陶汝鼐《揭玉堂集序》中的这些话，用来形容顾炎武和归庄的友谊，乃是最确切不过的。归庄（1613—1668），昆山人。一名祚明，字尔礼，又字玄恭、元恭，号恒轩。他是明代著名散文家归有光（号震川）的曾孙。"身长七尺，面白如月"，为人豪迈尚气节，行好奇，世人目之为狂生。顾炎武与里中人多不合，惟与归庄相友善，人称"归奇顾怪"。顾炎武亦自述其缘由道："自余所及见里中二三十年来，号为文人者，无不以浮名苟得为务。而余与同邑归生独喜为古文辞，砥行立节，落落不苟于世，人以为狂。"可见他俩都喜好古文辞，而且

文章相互砥砺，决不于世俗的学风苟同，因此被当时所谓的学者们目为"狂人"或者"怪人"。比如归庄在明亡之后，"尝南渡钱塘，北涉江淮，所至遇名山川，凭吊古今，辄大哭，见者惊怪"。他晚年穷得没有土地，甚至"没无半间屋"，可是他反而庆幸自己不要向清政府纳粮，在《观田家收获》中他说："稻香秋熟暮秋天，阡陌纵横万亩连。五载输粮女直国，天全我志独无田。"随时随地流露出强烈的民族感情。

　　顾炎武和归庄的文章都写得非常好，受到了"文坛宗盟五十年"的晚明大学者钱谦益的称赞。钱谦益不轻易称赞别人的文章，能得到他的赞扬，这在当时人的心目中是一件不同寻常的事情。归庄是钱谦益的学生，钱谦益家居常熟，顾炎武是否与归庄同游于钱谦益之门，在传世的文献中还找不到明确的证据。但根据顾炎武的好友吴炎的记载，有一次吴炎带着他和潘柽章写的文章向钱谦益请教，钱谦益对他们的文章十分赞赏，"因屈指东南古文家曰：老夫'所见如归子玄恭、顾子石户、王子玠石者，乃今又得二子！'"吴炎在记下了钱谦益的这番话后又写到："虞山之于文，三百年间少许许可，何况当世……玄恭石户皆与余称肺腑交。"钱谦益盛赞的归子玄恭、顾子石户，就是归庄和顾炎武。据此，似乎可以比较肯定的说，归庄和顾炎武其实都是钱谦益的学生。

　　顾炎武晚年回忆年轻时参加复社的那段时光，说："老年多暇，追忆曩游，未登弱冠之年，即与斯文之会，随厨俊之后尘。"所谓"随厨俊之后尘"，实际上就是把复社比作东汉时期的太学生运动。据范晔《后汉书·党锢列传》记载，东汉时期的太学生运动的领袖人物，有"三君"、"八俊"、"八顾"、"八及"、"八厨"

之目：陈蕃为三君之一，"君者，言一世之所宗也"；郭泰为八俊之首，"俊者，言人之英也"；张俭为八及之首，"及者，言其能导人追踪者也"。度尚为八厨之首，"厨者，言能以财救人者也"。当时的太学生三万余人，以"清议"为武器，与腐朽的宦官和官僚集团作斗争，具有明显的正义性质；爱国学生所表现出的"不畏强御"的豪杰气概和卓越情操，更是惊天动地，可歌可泣！虽然这场轰轰烈烈的爱国学生运动遭到了专制统治者的残酷镇压，但其优秀传统却为后来的爱国学生运动所继承。北宋陈东领导的太学生运动是如此，晚明的复社也是如此。顾炎武把复社比作东汉的太学生运动，把复社的领袖人物比作当年的"八俊"、"八厨"，自云"随厨俊之后尘"，鲜明地道出了复社所具有的政治性质。虽然当时顾炎武还不到 20 岁，但他所结交的，都是"八俊"、"八厨"一类人物。如杨廷枢（杨维斗），早在天启年间就发动和领导了苏州学生和市民反对朝廷逮捕东林党人的起义；如陈子龙，长顾炎武十几岁，亦是著名的一代豪杰，钱谦益和瞿式耜遭阉党余孽陷害而被铺入狱，他发起营救，方以智、冒襄、侯方域、吴应其号称复社四公子，都以文学豪迈著称，从现有史料看，顾炎武与方以智和冒襄也是很要好的朋友。顾炎武在《日知录》中，对东汉的太学生运动极尽赞美之词，可见他是多么怀念这段青年时代的美好时光。

当然，从事政治结社活动，结交四方豪杰，是要花费大量时间的。在复社中，学子们也和东汉的太学生一样，竞为高论，上议执政，下讥卿士，放言无忌。谁的见识高，谁的名气也就越大。顾炎武自云年渐长后，"从四方之士征逐为名"，又自云"少年好游，往往从诸文士赋诗饮酒，不知古人爱日之义"。这也是当年的实情，是晚明士林普遍流行的风气。

复社人士除了讲求气节、以天下为己任之外，他们的生活还有名士风流的一面。顾炎武的好友、当时复社中最著名的人物陈子龙、方以智、冒襄等人，无一不是出了名的风流情种：陈子龙年方三十，虽已有一妻三妾，尚且与秦淮名妓柳如是有过一段不同寻常的"诗词情缘"；方以智与秦淮佳丽的交往，亦是史有明文；冒襄与董小宛的恋情，更是至今传为佳话。就连顾炎武的最亲密的朋友归庄也不能免此，试看归庄以下两首作于复社虎丘大会期间的诗作："秋山山塘月，人争结伴游。邹阳侈辞赋，顾况绝风流。杯斝逢舟换，笙歌着处留。尚余豪兴在，乘醉觅青楼。""扶醉登山去，谁能禁我狂。拍肩思断袖，游目更褰裳。有意云迷路，多情月绕廊。徘徊怀外惧，敢学也鸳鸯？"顾炎武回忆早年生活的情形时说："归生与余无时不作诗。"可惜他将32岁前写的诗歌全部焚毁了，使得我们不可能知道他这一时期生活和交友的真实情况。不过，从他后来写的几首艳诗来看，他的艳诗是写得很好的；从归庄与他唱和的有关诗作来看，他也是一位情感丰富的人。所谓"是真名士而自风流"，乃是魏晋以来中国文人的古老传统；而秦淮河畔的孔庙与青楼并立，亦是尊崇程朱理学的明太祖朱元璋的杰作，是中国传统文化的一幅奇特景观。明朝灭亡后，当年的风流名士们几乎无不对自己的少年放荡有懊悔之意，顾炎武不保存他32岁前的诗作，亦不是没有原因的。

顾炎武青年时代经常往来的朋友，除了归庄以外，还有比他小7岁的吴其沆，小2岁的族叔顾兰服，以及外甥徐履忱。顾炎武说吴其沆"于书自左氏，下至南、北史无不纤悉强记，其所为诗多怨声，近《西洲》《子夜》诸歌曲"。《西洲曲》《子夜歌》，都是缠绵悱恻的六朝情歌。他们5人都很能饮酒，"各能饮三四斗"。据顾炎武后来回忆说，那时，"天下嗷嗷方用兵，而江东晏然无事。以是余与叔父泪同县归生，入则读书作文，出则登山临水，间以觞咏，弥日竟夕"。

崇祯十一年（1638），顾炎武26岁，一件很重要的事情影响顾炎武颇巨，这就是他的好友、复社名士陈子龙主持编纂的《皇明经世文编》的问世。该书的编纂问世，是晚明江南学风转变的一个重要标志，也是江南学者转向经世致用之学的一个重大成果。

崇祯十二年（1639），27岁的顾炎武参加科举考试再次落榜，从此不再"从四方之士征逐为名"，而正式开始从事经世致用的学术研究和著书立说的工作。自云："崇祯乙卯，秋闱被摈，退而读书。感四国之多虞，耻经生之寡术，于是历览二十一史以及天下郡县志书、一代名公文集及章奏文册之类，有得即录，共成四十余帙。一为舆地之记，一为利病之书。"这里所说的"舆地之记"和"利病之书"，即后来编撰成书的《肇域志》和《天下郡国利病书》。从顾炎武当时规划的这两部书的规模来看，他比陈子龙的气魄更大；《皇明经世文编》只限于明代文献，而《肇域志》和《天下郡国利病书》的编纂则是一项"坐集千古之智"的工作。

但就在顾炎武刚刚开始从事这项真正有意义的工作才一年多之时，一场家族内部为争夺财产的卑鄙"窝里斗"、也就是顾炎武所说的"家难"发生了。顾炎武家难的起因来源于争夺祖上的遗产。崇祯十四年（1641），顾炎武的继嗣祖父顾绍芾去世。由于顾炎武不是顾绍芾的嫡孙而是继嗣，出于同一曾祖的从叔顾叶墅和从兄顾维撕下大家子弟的虚伪面纱，为争夺财产继承权，全然不顾正在居丧守制的哀痛，挑起家难。他们为了达到目的而百计陷害顾炎武。先是纵火，继之抢劫，再就是买通官府打官司，最后是暗杀，企图置顾炎武于死地。后来顾维曾经写信给顾炎武，推脱这一切"主持有人，同谋有人，吾无与焉"。顾炎武随即写了一封义正辞严的回信，怒斥其与顾叶墅合谋纵火、抢劫、暗杀等罪恶行径，列举了这些行径给自己和家庭造成的重大伤害。

在频繁发生家难的岁月中，顾炎武曾多次搬家。纵火案发生后，他不得不侍奉老母搬家到离昆山千墩镇80多里的常熟语濂泾。不久，语濂泾家中遭到抢劫，又不得不搬回千墩镇。到崇祯十七年（1644）年春，千墩镇又住不下去了，于是又搬家到常熟县城东南30里的唐市。住了不久，又不得不回到语濂泾居住。同年十月回到老家千墩镇，但刚刚住下，又遭抢劫，只好重新回到语濂泾。清军占领江南后，穷凶极恶的顾维在兵荒马乱中被清军杀死，但其子又干起了其父的勾当，寻衅闹事不已，目的是夺取顾炎武家的不动产。据崇祯十七年（1644）顾炎武写给归庄的信，可见顾炎武被家难闹得"百忧熏心"。

在中国传统社会大家族中，这种事情是经常发生的，而明清时期的江南尤甚。一些平时温情脉脉的书生、道貌岸然的学者，到了争夺财产和利益的时候，什么丑恶卑劣的手段都会使出来。钱谦益去世后，其侄子也算是一位"著名学者"的钱曾（钱遵王）和家族中的一批无赖子弟逼得柳如是上吊自杀，就是后来发生的又一显例。顾炎武之所以特别痛恨中国人窝里斗之劣根性，除了对政治上导致亡国的惨痛教训外，也与他亲身经历的多次家难有关。

"从军无限乐，早赋仲宣诗。"崇祯十七年（1644）三月十九日，李自成率农民军攻占北京，明崇祯帝朱由检自缢煤山（景山）。农民军进城后，迅速腐败，李自成的一个部将竟然霸占了山海关总兵吴三桂的宠妾陈圆圆。吴三桂"冲冠一怒为红颜"，引清军入关。李自成出京迎战，大败，不得不退回北京城。四月二十九日，李自成在北京即皇帝位，以该年为大顺永昌元年；在圆了他的皇帝梦的第二天，就仓皇弃城西撤，把北京城让给了清军。清军占领北京后，以是年为清顺治元年。远在江南的顾炎武听到崇祯皇帝殉国的消息，十分痛心，作《大行哀诗》。

崇祯皇帝既死，在南方的明朝大臣们又在南京拥立了一个新皇帝。五月初二，福王朱由崧监国，以次年为弘光元年。五月初五，任命史可法为东阁大学士兼兵部尚书，马士英为东阁大学士兼兵部尚书、督察院右都御史。五月十二日出京。十二月，昆山县县令杨永言应南都求贤诏，向朝廷推荐了顾炎武，朝廷授予顾炎武兵部主事之职。顾炎武闻讯，作《千官》诗二首。诗云："武帝求仙一上天，茂陵遗事只虚传。千官白服皆臣子，孰似苏生北海边。一旦传烽到法官，罢朝辞庙亦匆匆。御衣即有丹书字，不是当年嵇侍中。"

乙酉四论。顺治二年（1645）春，为准备应弘光政权之诏，出任兵部司务，顾炎武撰写了著名的"乙酉四论"，即《军制论》《形势论》《田功论》《钱法论》。他从弘光政权的实际出发，针对明末在军制、农田、钱法诸方面的积弊，提出了一系列解决危机的主张。

面对埋葬明王朝的农民军和所向披靡的清军，弘光政权如果想划江而守，没有强大的军事力量，一切都无从谈起。正因为此，

顾炎武的"乙酉四论"首先以《军制论》开局。在这篇文章中，他通过总结历代、特别是明代军制的变迁，指出："尝考古《春秋》《周礼》寓兵于农之说，未尝不喟然太息，以为判兵与农而二之者，三代以下之通弊；判军与民而又二之者，则自国朝始。"炎武认为，明初军制，尚得《春秋》《周礼》遗法，这就是朱元璋所说的"吾养兵百万，不费民间一粒"。然而到了明朝中叶以后，兵农分离，军兵不一，军制愈变愈坏，以致"尽驱民之兵，而国事将不忍言矣"。对此，顾炎武严正指出："臣尝合天下卫所计之，兵不下二百万。国家有兵二百万，可以无敌，而不曾得一人之用；二百万人之田，不可谓不赡，而曾不得一升一合之用。故曰：高皇帝之法亡矣。"于是，他大声疾呼："法不变，不可以救今。已居不得不变之世，而犹讳其变之实，而姑守其不变之名，必至于大弊。"因此，顾炎武主张本"寓兵于农"遗法，"于不变之中而寓变之之制，因已变之势而复创造之规。"其具体做法是"举尺籍而用之，无缺伍乎？缺者若干人？收其田，以新兵补之。大集伍而阅之，皆胜兵乎？不胜者免，收其田，以新兵补之。五年一阅，汰其羸，登其锐，而不必世其人。"他认为，唯有如此，兵农合一，始可"成克复之勋"。

与《军制论》互为补充的，《形势论》则是从军事地理的角度，探讨用兵须先得地势道理的一篇重要文字。顾炎武既谙熟历代兴亡，又通晓山川地理形势，因此以史为鉴，通过总结吴、东晋、宋、齐、梁、陈、南唐、南宋等8个建都南方朝代的兴亡，指出："尝历考八代兴亡之故，中天下而论之，窃以为荆襄者，天下之吭，蜀者，天下之领，而两淮、山东，其背也。"顾炎武认为："夫取天下者，必居天下之上游而后可以制人。英雄无用武之地，则事不集。且人知高皇帝之都金陵，而不知高皇帝之所以取天下。当江东未定，先以大兵克襄汉，平淮安，降徐、宿，而后北略中原。此用兵先得地势也。"既然如此，所以顾炎武向弘光政权建议，主张北守徐、泗，西控荆、襄，接通巴、蜀，"联天下之半以为一"。他认为，果能如此部署，"则虽有苻秦百万之师，完颜三十二军之众，不能窥我地。而蓄威固锐，以伺敌人之暇，则功可成也"。

农为国本，历代皆然。弘光政权建于大乱之中，用兵固为大事，但如无固本之计，忽视农耕，亦非治国之道。顾炎武的《田功论》开宗明义就指出："天下之大富有二，上曰耕，次曰牧。国亦然。"顾炎武认为，农耕犹为国家根本，他说："事有策之甚迂，为之甚难，则卒可以并天下之国，臣天下之人者，莫耕若。"顾炎武在此文中，大段征引宋人魏了翁关于务农积谷、屯垦实边的论述。他以之为据而论弘光时局，指出招民屯垦，"此正今日之急务"。对于此一固本之计的具体实施，顾炎武在论证其可行性之后，认为断不可急功近利，建议："请捐数十万金钱，予劝农之官，毋问其出入，而三年之后，以边粟之盈虚贵贱为殿最。"顾炎武指出，唯有如此，始可达到"物力丰，兵丁足，城围坚"的目的，于是"天子收不言利之利，而天下之大富积此矣"。

《钱法论》是"乙酉四论"中的最后一篇文字。这篇文章与《田功论》相辅而行，亦专在探讨弘光政权所面临的经济问题。通过总结历代钱法变迁，尤其是有明一代钱法利弊得失，顾炎武认为，明代钱法固然称善，但钱币的流通则最为混乱，其症结在于国家权力旁落，行钱不畅。因而迄于晚明，酿成"物日重，钱日轻，盗铸云起"的严重局面。顾炎武历考古制，认为"钱自上下，

自下上，流而不穷者，钱之为道也"。他指出，两汉迄于唐宋，口赋之入以钱，盐铁之入以钱，关市之入以钱，榷酤之入以钱，罚锾之入以钱，契税之入以钱。由于国家权尊，行钱有序，所以才能"敛天下之钱而上之，赍予禄给，虑无不用"。而明代不然，晚明为最，"钱则下而不上"，伪钱日售，制钱日壅，结果一片混乱。针对此一积弊，顾炎武主张："请略仿前代之制，凡州县之存留支放，一切以钱代之。"

除乙酉四论之外，顾炎武又作《感事诗》六首，亦伤时感事之作，表示不满清廷的统治和对明室的眷怀之情。诗中充满了《春秋》大复仇"，"一扫定神州"式的期盼，又深怀"恐闻刘展乱，父老泣江东"的忧虑。

顾炎武有此治国方略，满以为成竹在胸，可以为弘光政权效力。南明弘光元年（1645）春，顾炎武应召赴南京。途中经过镇江，作《京口即事》诗二首，更洋溢着击楫中流、恢复中原的豪迈情怀。第一首诗云："白羽出扬州，黄旗下石头。六双归雁落，千里射蛟浮。河上三军合，神京一战收。祖生多意气，击楫正中流。"第二首诗云："大将临江日，匈奴出塞时。两河通诏旨，三辅急王师。转战收铜马，还兵饮月支。从军无限乐，早赋仲宣诗。"

西晋沦亡之际，志士祖逖誓复中原，渡江北伐。顾炎武把史可法比作祖逖，并对他寄予厚望，所以诗中又说："大将临江日，中原望捷时。"诗的末句"从军无限乐，早赋仲宣诗"（东汉末著名文学家王粲，字仲宣，曾写过《从军诗》），则表达了顾炎武决心为收复中原而贡献力量的意愿。

但是，残酷的事实却使他大失所望。在弘光朝廷中执掌大权的马士英、阮大铖等人，都是臭名昭著的贪官污吏。他们不仅与荒淫无耻的福王朱由崧狼狈为奸，苟且偷安，而且竟然置国家和民族的安危于不顾，排挤和打击爱国将领史可法等人。从而致使顾炎武到南京后，竟迟迟不能到兵部就职，更谈不上他所期望的天子召见、对策于朝廷之上了。顾炎武与随行而来的从叔顾兰服闲住在朝天宫，于是游城西李白酒楼，复诣太平门外遥祭明十三陵，以寄托自己的忧思。朝天宫附近的尚书巷有顾炎武的曾祖父、南京兵部右侍郎顾章志的馆舍旧址及祠堂，二人共往拜之。有诗云："记得尚书巷，于今六十年。功名存驾部，俎豆托朝天。树向乌衣直，门临白水偏。侍郎遗石在，过此一凄然。"

正在顾炎武在南京等待兵部征召的时候，四月十四日，清军已渡过淮河，四月二十五日，攻克扬州，明兵部尚书史可法壮烈殉国。清军大肆杀戮，至农历五月初二始宣布"封刀"，但实际上杀戮并未停止，故有"扬州十日"之说，80多万男女老幼惨死于清军的屠刀之下。而此时南明弘光朝廷负责南京城防的忻城伯赵之龙已秘密派人与清军联络，准备接引清军渡江，并将南京城拱手相送，而弘光朝廷的君臣们还全都蒙在鼓里呢。

顾炎武在南京报国无门，只得从南京回到家中。五月初一是顾炎武嗣母王氏的六十寿辰，归庄、吴其沆、顾兰服、徐履忱4人前来祝寿。这天，他们饮酒至夜半，"抵掌而谈，乐甚，旦日别去"。他们怎么也想不到，此时的扬州，一场惨绝人寰的大屠杀正在进行之中。

顾炎武为母祝寿过后，又"出赴杨公之辟"，去南京就兵部之职。然而，此时形势已急转直下，农历五月初八，清军趁大雾夜渡长江，次日攻克镇江。五月十日，南明弘光政权匆忙逃离南京。

清军兵临城下，明忻城伯赵之龙、魏国公徐允爵、大学士王铎等一大批高官显贵向清军奉表投降，就连在江南士人中享有很高威望的东林名士、南京礼部尚书钱谦益，也采取了他后来深以为耻辱的"委蛇"态度，跟着这批高官显贵而降清。五月十五日，清军进入南京城。顾炎武在赴任途中听到南都官员不战而降的消息，十分失望和悲愤。其《姬人怨》诗两首，大概就作于此时。诗云：伤春愁绝泣春风，发乱如油唇又红。不是长干轻薄子，如何歌笑入新丰？云鬟玉鬓对春愁，不语当窗娇半羞。柳絮飞花无限思，教侬何物得消忧？诗中讽刺降清的官员们如"长干轻薄子"，如随风飘扬的柳絮飞花；而诗中对"伤春愁绝泣春风"的美人的描写，则是借用传统的"香草美人之喻"的表现手法，来抒发其怀念故国的思想感情。看来南京是不能去了，顾炎武遂在苏州从军。

清军占领南京后，派汉奸黄家鼐招降江南各地守令。黄家鼐到达苏州，被明朝监军杨文骢率兵杀死。这一事件揭开了江南人民民族保卫战争的序幕。六月初四，清军进入苏州城；十三日，清军占领杭州，并派军驻扎吴淞口。十五日，清廷下剃发令。吴中各地抗清义军风起云涌。更有明朝江南副总兵吴志葵、参将鲁志玙屯兵海上，坚持抗清斗争。原吏部主事夏允彝乃亲自到他的学生吴志葵的军中，为之出谋划策，联络各地义军，随时准备以舟师自吴淞口进入长江，收复江南。大家约定以松江兵攻杭州，嘉定、太仓兵攻沿海，宜兴兵乘船向南京进发，吴志葵率军进攻苏州。目睹这一如火如荼的反清斗争的形势，顾炎武十分兴奋地写下了"千里吴封大，三州震泽通，戈矛连海外，文檄动江东"的诗句。

昆山的反清武装起义是 1645 年 8 月 6 日爆发的。这一天，归庄率领民众冲进县衙，将汉奸县令阎茂才斩首示众，由此宣告了昆山反清起义的开始。起义的队伍分两支，一支由原总兵王佐才率领，另一支则由原郧阳巡抚王永祚率领，归庄、吴其沆皆参加了王永祚的抗清部队。然而，经过一番血战，进攻苏州的计划失败了。不久，清军攻陷松江和嘉定，进攻昆山。这时，顾炎武又回到昆山，参加昆山保卫战。他的夫人王氏也积极参加了后勤工作，顾炎武晚年哀悼王夫人的《悼亡》诗中有"北府曾缝战士衣"之句。

顾炎武在昆山义军中负责"聚粮移檄，为久守计"，这可是一件十分艰巨的任务。江南的富豪大都自私吝啬，大敌当前却不肯出钱出粮资助义军。正如归庄在《悲昆山》一诗中所说："悲昆山，昆山有米百万斛，战士不得饱其腹，反资贼虏三日谷；悲昆山，昆山有帛数万匹，银十余万斤，百姓手无精器械，身无完衣裙……"七月六日，昆山城破，好友吴其沆英勇牺牲，顾炎武与归庄侥幸脱难。清军进城后，见人就杀。当时城中有居民 5 万户，据保守的估计，被杀害的昆山居民至少在 4 万人以上。在这场大屠杀中，顾炎武的 2 个嫡亲弟弟顾子曼、顾子武皆被杀害，他的生身母亲何夫人也被砍断了右臂，险些丧命。吴其沆壮烈牺牲后，顾炎武曾 3 次去他家中，看望其孤苦伶仃的老母。

7 月 14 日，清军攻陷常熟。顾炎武的嗣母王氏听到这一消息，遂开始绝食，30 日逝世。临终前对顾炎武说："我虽妇人，身受国恩，与国俱亡，义也。汝无为异国臣子，无负世世国恩，无忘先祖遗训，则吾可以瞑目于地下。"

8 月，清军连克松江、江阴等地。在松江保卫战中，沈犹龙、李待问等义军领袖英勇牺牲，夏允彝自尽殉国。二十一日，清军攻陷江阴，屠城 3 日，城内外殉难者数十万人。顾炎武的《秋山》诗二首，其中之一首云："秋山复秋山，秋雨连山殷。昨日战江口，今日战山边。已闻右甄溃，复见左拒残。旌旗埋地中，梯冲舞城端。一朝长平败，伏尸遍岗峦。北去三百舸，舸舸好红颜。吴口拥橐驼，鸣箛入燕关。昔时鄌郚人，犹在城南间。"清楚地记录了这一时期江南人民的抗清斗争和清军大肆屠杀、掳掠大批江南美女和财物运往北方的史实。

1645 年，在血与火的刀光剑影的抗战和漂泊流离的生活中，顾炎武和复社的志士们仍有诗文唱和，并不因血与火的征战而失其江南文人的高雅气质。这年秋天，顾炎武曾与"复社四公子"之一的冒襄相会于江南，手书七言行书对联相赠，联曰："藤纸静临新获帖，铜瓶寒浸欲开花。"当时冒襄与董小宛从清军肆虐的江北逃到江南，故人相见，抚今追昔，不胜故国之感。

太湖上的抗清岁月。清军虽然占领了江南，南明的弘光政权灭亡了，但是南方的广大地区还没有被清军征服。1645 年农历闰六月二十七日，南明唐王朱聿键即皇帝位于福州，改福州为天兴府，以是年为隆武元年。七月初一，隆武帝下亲征诏。顾炎武闻讯，激动万分，赋《闻诏》诗一首，诗中云："闻道今天子，中兴自福州。二京皆望幸，四海愿同仇。灭虏须名将，尊王仗列侯。殊方传尺一，不觉泪频流。"

隆武帝即位后，诏崇祯朝的都察院右佥都御史路振飞前往辅佐。当时路振飞正据守太湖洞庭山，闻诏后欣然前往，被任命为文渊阁大学士。经路振飞推荐，隆武帝遥授顾炎武兵部职方司主事之职。按照明代的官制，"职方掌舆图、军制、城隍、镇戍、简练、征讨之事"。

与顾炎武同时被授予兵部之职的，还有吴江的义军领袖、弘光朝兵部主事吴易等人。吴易被任命为兵部侍郎，顾炎武乃是他的下属。这一时期的顾炎武，活动于五湖三泖的各支义军之间，白羽扇成为他与各支义军联络的标志。"遥看白羽扇，知是顾生来。"太湖上的义军战士远远看到船头上执白羽扇的人，就知道是他们的军师顾炎武来了。吴江义军的战斗力本为吴中义军之冠，在遭遇了上年的挫败以后，至春而势力复振。正月收复吴江，杀死伪知县孔某；顾炎武乃于此时作《上吴侍郎易》诗一首，为之出谋划策。诗中有"作气须先鼓，争雄必上游"之句，反映了顾炎武的战略思想。

　　清顺治三年（1646）三月二十六日，吴易率义军与清军大战于分湖，歼敌两千余人，清军余部逃回苏州，全城戒严。五月，吴易又率义军收复嘉善，杀清军守将，清军悬赏3000金捉拿吴易。是年秋，吴易被叛将出卖，不幸被捕，在杭州英勇就义。

　　与此同时，由于郑芝龙降清，导致清军入闽，隆武帝及皇后与随从大臣全部被清军杀害。隆武帝死后，大学士苏观生等人又在广州拥立其弟朱聿鐭为监国，改元绍武。十二月，清军攻陷广州，苏观生皆自杀殉国。这年十月，明朝的两广总督丁魁楚、广西巡抚瞿式耜等人拥立桂王朱由榔于肇庆，以次年为永历元年。在此后的二十多年中，这一政权一直是大西南和华中地区民族保卫战争的指挥中心。

　　顺治四年（1647）四月，明叛将吴胜兆在江南爱国人士陈子龙、杨廷枢等人的策动下，准备在松江反正，归顺明朝。因事机泄露，吴胜兆被杀。清军大肆搜捕陈子龙、杨廷枢。陈子龙带了几个人夜访顾炎武，未遇，留住一宿而去。不久，陈子龙、杨廷枢都被清军捕获，在押解途中，陈子龙投水自尽，杨廷枢亦壮烈殉国。顾炎武闻讯，十分悲痛，作《哭陈太仆子龙》《哭杨主事廷枢》诗各一首。与此同时，夏允彝之子夏完淳与四十余名东南义士给鲁王的上疏在送往舟山的途中亦被清军查获，清军按上疏中的名单一一搜捕，顾炎武的族叔顾咸正因名列其中而被捕，押往南京。顾咸正的两个儿子则因曾经在清军的搜捕中掩护过陈子龙，亦被清军捕去。顾炎武试图营救，但清军很快就将他们杀害了。过了不久，九月十九日，因上疏而被捕的四十余名爱国志士，也在南京被叛将洪承畴下令杀害。顾炎武闻讯，作《哭顾推官（顾咸正）》诗，以此寄托对先烈们的深切哀思。

至此，持续三年的江南抗清武装斗争基本上失败了。然而，此时却传来了丁克泽率领农民军余部攻克山东淄川，处决罪大恶极的大汉奸孙之獬的消息。这一喜讯使顾炎武大为振奋，兴奋地写下了《淄川行》一诗，热情讴歌农民军攻打淄川城的巨大声势，庆幸汉奸终被处决，充分肯定了农民军的正义行动和爱国精神。孙之獬原是明朝阉党余孽，清军入关后，他率先剃发留辫去投降，并且厚颜无耻地向清朝顺治皇帝上疏说："陛下平定中国，万事鼎新，而衣冠束发之制，独存汉旧，此乃陛下从中国，非中国从陛下也。"顺帝皇帝采纳了孙之獬的建议，普下剃发令："有不从者，杀无赦！"这一罪恶的法令下达后，因拒绝剃发而遭屠杀的汉族人民多达百万余人。而孙之獬则用人血染红了顶子，当上了清政府的兵部尚书，并奉命总督军务，兆抚江西，其罪恶可谓罄竹难书，死有余辜。顾炎武从农民军的正义行动中进一步看到了人民大众在民族保卫战争中的力量，也看到了民族复兴的希望。

江南人民的抗清斗争失败以后，幸存的抗清义士们为逃避清军的搜捕和潜谋再举，与坚守民族气节的士绅相结合，以吴江县唐湖北渚"有烟水竹木之盛"的古风庄为据点，成立了惊隐诗社。诗社于顺治七年（1650）成立，创始者为叶继武、吴振远等人，参加者有名姓可考者数十人，分别来自苏州、无锡、昆山、杭州、嘉兴、湖州、吴江等地，顾炎武和他的好友归庄、吴炎、潘柽章、陈济生都是惊隐诗社的重要成员。惊隐诗社每年都有几次重要的活动：五月五日祀三间大夫屈原；九月九日祀陶征士渊明；除夕祀林君复、郑所南。顾炎武虽然常年奔走在外，但也多次去吴江参加惊隐诗社的活动，与友人们"啸歌于五湖三泖之间"。

3. 苦闷彷徨，流转四方

在顾炎武的一生中，顺治五年（1648）至顺治十四年（1657），是一段苦闷彷徨的日子。此时，江南抗清斗争形势严重受挫，隆武、鲁监国政权相继败亡，桂王政权始而局促粤西，继之遁入云桂。唯有鲁王余部和郑成功义军转战东南沿海，虽一度北进而掀起波澜，然毕竟孤掌难鸣，大势已去。时局既如此沉重，家难、私仇又交相煎迫，已过而立之年的顾炎武，为了做出人生道路上的抉择，上下求索，流转四方。顾炎武成为闻名江湖的鹰扬弟子，此时主要活动于以南京为中心，东到太湖、北到淮安的广大地区。这时顾炎武时而化名为蒋山佣，时而化名为顾圭年，时而化名为王伯齐，时而又化名为顾佣，号称"鹰扬弟子"，以商贾为业，到处结交豪杰之士。至于他谋划些什么，从现有历史的记载中，很难找到十分明确的答案。而从这一时期顾炎武的有关诗作中，则可以看出他的确在从事反清的秘密活动。如《出郭》诗："出郭初投饭店，入城复到茶庵。秦客王稽至此，待我三亭之南。相逢问我名姓，资中故王大夫。此时不用便了，只须自出提酤。"这明显是一首记叙与人接头的诗，来人"待我三亭之南"，"相逢问我名姓"，可见来者为素昧平生之人。来者何人？王遽常先生说："王稽云云，当有所托。疑南阳当有使至。"顾炎武回答来人，自称"资中顾王大夫"，乃是他此时的化名。其《赠邬处士继思》诗云："去去复栖栖，河东王伯齐。"可见他此时正化名王伯齐从事反清的秘密活动。顾炎武又有《旅中》诗一首，作于告别南明使者之后。从诗中所描写的情形看，他曾经历尽千辛万苦，南下投奔远在广西的南明永历帝。所谓"愁人独远征"、"浦雁先秋到"、"买臣将五十，何处谒承明"，都说明了他此次远行的目的是投奔南明政权。然而却终因关山险阻、途中遭遇抢劫以及患病等原因而未能到达，不得不重新回到江淮一带活动。

远游之想初萌。顺治五年（1648）秋，顾炎武再抵太湖洞庭山，写下《偶来》诗一首。该诗虽然仅仅8句，但是却道出了抗清斗争失败，旧友死难离散后，顾炎武在坚守初志与隐遁不出之间痛苦抉择的心境。诗云："偶来湖上已三秋，便可栖迟老一丘。赤米白盐犹自足，青山绿野故无求。柴车向夕逢元亮，款段乘春遇少游。鸟兽同群终不忍，辙环非是为身谋。"诗末二句，最令人玩味，从中可看出顾炎武的连年奔走，断非为一己谋求安身立命之地。因此，他决计以天下兴亡为己任，辙环四方。迄于是年冬，顾炎武依然客居太湖洞庭山。他在此时所写《将远行作》一诗，更将远游四方的想法倾吐而出。

既有远游之想，且已北上京口，为什么到底未能成为现实？据陈祖武先生考证，直至顺治五年（1648）冬，顾炎武依然蓄发不剃。远游之想不能成为现实，这无疑是个重要原因。

南明弘光政权覆亡之后，清廷严颁剃发令，视剃发与否为对其顺逆的标志。面对民族高压，蓄发不剃亦是一时士大夫彰明志节的象征，因之而有可歌可泣的反剃发斗争。当时反剃发斗争已告失败，现实不可逆转，从俗剃发遂成大势所趋。

置身如此严酷的现实，顾炎武蓄发不剃，绝不是一件容易的事情，其耿然志节，实不愧握发死难者的壮烈。然而既然先前数年的四方奔走，皆"非是为身谋"，其抱负乃在天下兴亡，志存高远，因之从俗剃发以便继续其执著追求，就成为顾炎武的唯一选择。

顺治七年（1650），顾炎武含恨剃发，时年38岁。是年，顾炎武写下《剪发》诗一首。诗中，顾炎武把蓄发数年的艰辛，被迫剃发的苦楚，一一委婉道出。窥诸顾炎武诗意，他之被迫剃发，实出万不得已。既不屑苟且偷生，又不可引颈受屠，为了实现久蓄胸中的四方之志，只好忍辱负重。故而该诗结句，顾炎武以东汉邓禹自况，将胸臆抒发而出。据《后汉书》之《邓禹传》载，邓禹早年，负笈长安，时光武帝刘秀亦游学京师。"禹虽年幼，而见光武，知非常人，遂相亲附。数年归家。及汉兵起，更始立，豪桀多荐举禹，禹不肯从。及闻光武安集河北，即杖策北渡，追及于邺。"刘秀中兴汉室，功垂史册，邓禹杖策追随，亦成佳话。可见顾炎武先前之连年奔走，如今之被迫剃发，皆意在寻觅光武帝般的中兴英主，以天下兴亡为己任而孜孜求索。惟其如此，所以顾炎武在同年所写的《秀州》诗中，又引东汉马援比况，再抒胸臆。他说："将从马伏波，田牧边郡北。复念少游言，凭高一凄恻。"诗中所言马援边郡田牧及马少游事，皆见《后汉书》之《马援传》。据该传记载，马援"十二而孤，少有大志"。西汉末，亡命北地，后即"因处田牧，至有牛马羊数千头，谷数万斛"。光武中兴，建武十七年，受命率军南征交趾。十九年凯旋，封新息侯，食邑三千户。援置酒肉犒劳官属曰："吾从弟少游常哀吾慷慨多大志，曰：'士生一世，但取衣食裁足，乘下泽车，御款段马（款段：马行迟缓的样子），为郡掾史，守坟墓，乡里称善人，斯可矣。至求盈余，但自苦耳。'当吾在浪泊、西里间，虏未灭之时，下潦上雾，毒气重蒸，仰视飞鸢跕跕堕水中，卧念少游平生时语，何可得也！今赖士大夫之力，被蒙大恩，猥先诸君纡佩金紫，且喜且惭。"马援夙志如此，马少游言如彼，顾炎武之比况马援，本志向相同使然。而马援率师南征，身处危境而念及少游言，亦人之常情。顾炎武此时之遭际，与马援彼时之困境，实多有相似之处，故而凄恻之感油然漾出，也是很自然之事。顾诗若此，顾文亦然。顾炎武对于此次剃发，看得很重，以致终身不忘，耿耿于怀。康熙十三年（1674），他为早年在常熟水乡比邻而居的陈梅撰墓志铭，引陈氏痛诉被迫剃发云："吾年六十有六矣，不幸遭此大变，不能效徐生绝脰之节，将从众剺发。念余年无几，当实之于棺，与我俱葬耳。"康熙十七年（1678），顾炎武致书潘耒。再及陈梅孙芳绩蓄发不剃事，他说："昔有陈亮工者，与吾同居荒村，坚守毛发，历四五年，莫不怜其志节。"假述陈梅祖孙之被迫剃发而申己痛，顾炎武为文真意，实寓于此。

在被迫剃发后的二三年间，顾炎武一改先前的潜踪息影，混迹商贾，往来通衢，风尘仆仆地奔走于大江南北。顺治八年（1651）二月，顾炎武北抵南京，拜谒明太祖朱元璋陵。时值天雨，未得进入陵园，遥为凭吊，不胜今昔之感。

八月，顾炎武离开南京，渡江北上，抵达淮安。顾炎武此次淮上之行，当系应友人万寿琪所邀。寿祺长炎武 10 岁，字年少，一字介若，又字内景，徐州人。明崇祯年间举人。南明弘光政权亡，与江南义士起兵抗清。太湖兵败被捕，后幸得营救北归，遂祝发为僧，隐居淮上清江浦。清江浦地处南北水陆枢纽，为南京江北咽喉重地。

在淮安，有两位著名的抗清志士，一位是阎尔梅，一位是万寿祺，他们二人都参加了抗清的武装斗争。万寿祺在江南的武装斗争失败后，宁可削发为僧，也不愿剃去前额的头发而留一条象征民族耻辱的辫子。而这年春天，当他在南京见到顾炎武时，顾炎武竟然"割发变容像"、"抱布为商贾"了，这使得万寿祺大惑不解。经夏复历秋，顾炎武又抱着从常熟唐市贩来的布匹到淮上与万寿祺相见，更令万寿祺觉得十分蹊跷。尤其不可思议的是顾炎武竟"与监门屠狗者为伍"，即结交下层社会的豪侠之士。经过一番交谈，万寿祺心中的疑惑才涣然冰释。顾炎武亦有《赠万举人寿祺》诗，诗中"何人诇北方，处士才无两"一联，是十分明确地委托万寿祺为之了解北方的情况，侦视清廷的动向；而"会待淮水平，清秋发吴榜"两句，则表现了对未来民族复兴的憧憬和希望。两年后（1653），顾炎武又介绍归庄到万寿祺家中做"家庭教师"，作《送归高士之淮上》诗，对他此行寄予厚望。顾炎武与万寿祺交情甚笃，万寿祺在淮阴去世时，顾炎武"素车白马，走九百里，哭万年少"。而归庄所写《哭万年少五首》则倾诉了二人的共同心声。

邓之诚《清诗纪事初编》说，隆武立于福州，大学士路振飞荐炎武为兵部主事。此后四五年间，尝东至海上，北至王家营，仆仆往来，盖受振飞命，纠合徐淮豪杰。当年路振飞巡抚淮扬，曾经团练乡兵，得两淮间劲卒数万，后为刘泽清遣散。炎武实倚万寿祺为东道主人，每从淮上归来，必诣洞庭向振飞之子泽溥报告情况。归庄在万寿祺家名为家庭教师，实际上是代顾炎武做联络工作。王遽常先生对此作了考证，指出：归庄《与蒋路然书》云"弟自渡江抵淮，主年少家。千里授经，豪士气短。所幸主人是我辈人，可与共商天下事耳"。可见，《清诗纪事初编》说的话是有根据的。

顺治八九年间，顾炎武的北上清江浦，同万寿祺的往还，是一段很值得注意的经历。万寿祺生前，顾炎武既视之为"当代才"，尤以"何人词北方，处士才无两"相推许；闻其病逝，又长途跋涉，专程吊唁。可见顾、万二人关系非同一般。至于归庄之继顾炎武而渡江北上，拟或就是顾炎武向万寿祺介绍。归庄与万寿祺一见如故，生而推为盟主，死而为天下恸哭，更非寻常交友可比。陈祖武认为，顾、归二人此时往还淮上，非同寻常漫游访友，或当另有所谋。只是年代久远，文献无证，其真相未得其详。他日若有相关史料爬梳而出，此一揣测之确否或可得以澄清。因此，关于顾炎武此数年间，乃至其后一段时间的若干往还及其真实目的，似以存疑为宜。

尽管如此，顾炎武奔走大江南北之非同寻常漫游，如下几点可资证明。一是屡谒明孝陵。顺治八年（1651）至顺治十年（1653）间，顾炎武曾经三谒孝陵。顺治八年（1651）二月初谒，未得入园，仅得陵外遥拜。顺治十年（1653）二月再谒，亦未得一一瞻仰。据已故王冀民先生考证："今春再谒，入园矣，似未登殿。"同年十月三谒，此次逗留时间最长，考察最细，故谒后留有图一幅、诗一首、序一篇。二是积极同明遗民频繁往还。仅据

《亭林诗集》所记载，顺治八年（1651）至顺治十年（1653）间，同顾炎武往还的明遗民，其中有姓名可考者，有万寿祺、顾存愉、路泽溥、朱四辅、邬继思、杨永言、归庄、刘永锡、郝太极等9人。其中，除万寿祺、归庄外，最值得注意的当为路泽溥。在此三年间，顾炎武诗集记与他人往还诗皆一首，唯独路泽溥则是两首。路则溥，字苏生，河北广平曲州人，系南明隆武政权重臣路振飞之子。振飞有3子，长子路泽溥，次子路泽淳，三子路泽浓，唐王赐名太平。隆武立国，路泽溥官中书舍人。父亡，迎柩粤中。后奉母寄居太湖东洞庭山。顺治九年（1652），顾炎武在苏州与路泽溥相逢，曾赋诗赠路泽溥。顺治十年（1653）正月，顾炎武应约入太湖访路泽溥。在路泽溥家里，顾炎武得以看到路振飞生前主持编制的隆武四年《大统历》。睹物思人，宛若与隆武君臣相聚一堂。物换星移，江山已改，天下兴亡在顾炎武心中激起的波澜，显然远未平复。三是始终关心湘黔战局。顺治八年（1651）前后，是南明永历政权同大西农民军实现联合抗清的一个重要时期。此时，两广已为清军所有，永历政权西遁云贵，被迫封大西统帅孙可望为秦王。顺治八年（1651）四月，孙可望命冯双礼部由黔入湘，连创湘西清军。翌年四月，李定国部移师东进，与冯双礼部形成夹攻态势。湖南清军屡遭重创，数十州县纷纷为大西、南明联军所有。六月，李定国挥师南下，直逼广西桂林。七月初四城破，清定南王孔有德兵败自焚。

西南战局的进展，远在江南的顾炎武亦知之甚确。捷报传来，他以《传闻》为题，欣然成诗二首。

《传闻》诗写于顺治九年（1652）冬，距孔有德自焚桂林仅数月。在当时的通讯条件下，顾炎武如此准确的获知前方战况，实非易事，恐怕或有专门联络通道。至于这一渠道的存在与否，以及具体情况，史料无证，只好存疑。然而于此正说明顾炎武此数年间的南北奔走，绝非漫游，当另有所谋。否则既已剃发，远游障碍排除，何以又徘徊大江南北，迟迟不付诸实行呢？

4. 怒杀汉奸，初陷囹圄

入清以后，顾炎武曾经两次入狱。这两次囹圄之苦，皆植根于明清易代，而与一时政局有关。其中，对顾炎武生平行事影响最大的是顺治十二年（1655）的第一次入狱。

顺治十二年（1655），顾炎武初陷囹圄，是因为陆恩命案所致。陆恩本来是陆家家仆，从顾炎武祖上就到顾家。后来他看到顾炎武家道中落，内有骨肉相残，外有豪绅煎迫，于是转而投靠豪绅叶方恒。

昆山叶氏，也是一方大族。同顾氏的衰退正好相反，在晚明的社会动荡中，叶氏却未经祸难。如前所述，崇祯十二年（1639），顾炎武嗣祖顾绍芾及其长兄相继去世，家难骤起，门庭不振。为了维持一家数十口生计，顾炎武被迫将祖上遗田 800 亩典押给叶方恒。顾叶两家，早年本有亲戚关系。昆山另一大姓徐家，皆为顾叶两家姻亲，顾炎武妹夫徐开法有一妹，即嫁给叶方恒为妻。按常理讲，叶方恒应该急人之所急，解人之所难，帮助顾氏渡过危局。但是叶方恒为富不仁，竟然乘人之危而仗势鲸吞顾氏田产。典押之初，叶氏压价签约，价款仅及所值之半。对此顾炎武迫于窘困，只好接受。尽管如此，叶方恒却迟迟不将价款支付，虽经顾炎武多次请求，历时两年，始得少量价款。但迄于明亡，仍有四成价款被叶氏拒付。到了清朝，叶方恒见顾氏一蹶不振，百计煎迫，一心想霸占顾氏田产为己有。顺治九年（1652），顾氏家仆陆恩投靠叶方恒，于是主仆勾结，狼狈为奸，加紧策划霸占顾炎武的田产。

顺治十一年（1654），张名振军三入长江。兵退之后，地方当局追查里应外合之人，兴起大狱。叶方恒得此良机，便扬言要以暗通东南沿海义军罪告发顾炎武。消息传到南京，顾炎武于顺治十二年（1655）春赶回昆山，率众亲友将陆恩沉水而死。

关于水沉陆恩的原因，据陈祖武在《顾炎武评传》中考证加以明确。他说：顾炎武本人对此有过一段简略的追记，在《赠路光禄太平》中说："先是，有仆陆恩，服事余家三世矣，见门祚日微，叛而投里豪，余持之急，乃欲陷余重案。余闻，亟擒之，数其罪，沉诸水。"何为重案？顾炎武并未说明，顾炎武挚友归庄议及此事，也只是说"诬宁人不轨"，至于不轨之所指，亦晦而不明。乾隆初年，史学家全祖望应约为炎武撰《神道表》，则将顾归两人所言"重案"、"不轨"加以明确，表述为"通海"。全祖望《顾先生炎武神道表》载此事说："顾氏有三世仆曰陆恩，见先生日出游，家中落，叛投里豪。丁酉，先生四谒孝陵归，持之急，乃欲告先生通海。先生亟往擒之，数其罪，沉之水。"清道光年间，张穆辑《顾亭林先生年谱》，则据陆陇其《日记》，将此事做进一步说明。陆陇其在《三鱼堂日记》康熙十七年八月二十七日条记："与陆冀王谈，言顾宁人系徐公肃之母舅，而中书顾洪善，其嫡侄也。鼎革之初，尝通书于海，使一僧以其书糊于《金刚经》后，狭之以往。其仆知之，以数十金与僧，买而藏之。后其仆转靠今济宁道叶方恒，叶颇重托之。宁人有所冀于此仆，仆曰：'《金刚经》背上何物也？我藏而不发，乃欲诈吾乎！'宁人大惧而止，遂于徐封翁谋。夜使力士数人入其家杀之，尽取其所有，并叶所托者亦尽焉。"

上述诸多记载，顾归两家忌讳不明，全祖望则语焉不详，只有陆陇其记载的比较详细。陆陇其与顾炎武为同时人，年辈稍晚。其《日记》所涉之陆翼王，名元辅，江苏嘉定（今属上海）人，年龄比顾炎武小数岁。陆恩案发，移狱松江，元辅正在乡里，所以他所描述的应当可信。可见，顾炎武率同徐开发等人水沉陆恩，并非一般的主仆反目，也不是寻常的经济纠纷，而是政治要案，生死攸关。因此顾炎武不计后果，铤而走险。陆恩死后，叶方恒气急败坏，遂与陆恩的女婿勾结，私设监狱，囚禁顾炎武，逼迫顾炎武自杀抵罪。同时，叶方恒又贿赂苏州府推官，必欲置顾炎武于死地而后快。

当此危难之际，顾炎武挚友归庄及路泽溥、路泽浓兄弟等挺身而出，极力营救。他们先是指斥私设公堂之非法，请求苏州官府出面干预，将顾炎武从叶氏囚禁处提出，交由官府审理。由于此一要求合理合法，尽管叶方恒早已买通官府，但也无可奈何，只好交出顾炎武，囚系苏州府监狱。

顾炎武囚系苏州，叶方恒尾随而至。他倚仗权势，贿赂官府，执意要顾炎武杀人偿命。为营救友人，归庄频繁来往于苏州、常熟、昆山间。他先是仗义执言，力阻叶方恒加害顾炎武；继之联络钱谦益、李模等一方耆旧出面讲情，劝说叶方恒中止讼局。迫于舆论压力，叶方恒一面做出和解姿态，一面买通苏州府推官，拟判顾炎武杀无罪奴，从重处罚。叶方恒这一举动，不啻当众羞辱顾炎武，达到迫其自杀的目的。归庄听说这一消息后，立刻致书叶方恒，晓以利害。

鉴于陆恩一案的审理陷入僵局，路氏兄弟再度进行搭救。他们利用与苏松兵备副使相识的关系，请求将案件移交松江复审。这一请求如愿以偿，移狱松江后，摆脱了叶方恒的纠缠，事情才出现了转机。经路氏兄弟和松江诸多友人的努力，顺治十二年（1655）秋，顾炎武终于得以保释出狱，听候判决。自五月十三日案发，迄于秋后得释，顾炎武身陷囹圄历时 3 个多月。翌年春，终得以杀有罪奴而从轻结案。

3 个多月的囹圄之苦，虽说顾炎武在归庄和路氏兄弟等好友的鼎力救助下幸免一死，但是更多的旧日诗文之友则是纷纷惧祸退避。顾炎武在喟叹交友艰难的同时，更加珍惜患难之中诸友的真情。为此，他写了多首诗分赠诸友。其中，尤其以赠给路氏兄弟的诗，最可见其心境。顾炎武赠在《赠路光禄太平》一诗中痛述生平，感激有人相助，字里行间洋溢着真情。

顺治十三年（1656）春，松江狱解，顾炎武获得行动自由而离开松江。临行，顾炎武诗赠松江隐士张悫、王炜诸友人，国破家亡之痛，苏州人情之淡薄，松江友人之仗义，皆在字里行间。

顺治十三年（1656）春，顾炎武离开松江。此时他的生母何氏病势垂危，顾炎武闻讯，返回昆山故里。三月，其母病故。料理完丧事后，他重返南京，依然侨居神烈山（钟山）下。对于顾炎武的无罪释放，豪绅叶方恒耿耿于怀。顾炎武离乡，叶方恒派刺客尾随，在南京太平门行刺，致使顾炎武头部受伤。叶方恒见刺杀未能置顾炎武于死地，又唆使陆氏遗属公然抢劫，将顾炎武昆山故居抢劫一空。如此恶劣的环境，逼得顾炎武有家不能归。

重返南京，顾炎武一如从前，依然不能忘情于兴复故国，因而同他往来者，皆为故国遗民、南明遗臣，还有来自湘黔的桂王政权中人。

顾炎武是这年五月返回南京的，抵达未久，吴江友人潘柽章远道而来。潘柽章字力田，一字圣木。明诸生。入清，不仕新朝，曾与顾炎武、归庄等结惊隐诗社，诗文唱和，不忘故国。后清政府禁止士子结社，潘柽章遂潜心史学，与友人吴炎合撰《明史记》。依二人分工，吴任世家、列传，潘则任本纪及诸志。全书以实录为主要依据，博采文集奏疏，以反映一代王朝兴衰。此时全书虽未纂成，但已得纲领。潘柽章此行，即为史书编纂而来。

如前所述，顾炎武自幼受到良好的历史教育。其嗣祖绍芾生前，尤为留意晚明史料的搜集。曾将自万历四十八年（1620）七月，至崇祯七年（1634）九月的邸报，分类抄录，辑成二十五帙。之后，绍芾年老未再抄录，仅取邸报略识大要。迄于崇祯十四年（1641）绍芾病逝，此事遂告中断。明亡，顾炎武奔走国事，无暇承其嗣祖遗志，克成完书。所幸慌乱之余，手稿未有散佚。经历苏松之狱打击，顾炎武痛定思痛，萌发秉嗣祖遗教，纂修泰昌、天启、崇祯三朝史书之想。这就是他在上年《酬陈生芳绩》一诗中所云："绝交已广朱生论，发愤终成太史书。"如今潘柽章远道而来，共商明史纂修，顾炎武"大喜过望，欣然支持，允诺当携书南下，与吴、潘二人共修国史"。临别，顾炎武《赠潘节士柽章》一诗。

这一年的闰五月十日，是明太祖朱元璋逝世纪念日，松江友人王炜远道谒陵，与顾炎武重逢。王炜，字雄右，号不庵，安徽歙县人。明亡，流寓松江，顾炎武移狱松江，王炜曾参与搭救，故而今春顾炎武告别松江诸友，始有诗云："欲将方寸报，惟有汉东珠。"如今重逢南京孝陵，相携拜哭而还，抚今追昔，无限感慨。王炜此行，谒陵之外，拟前往芜湖。临别，顾炎武赠《王处士自松江来拜陵毕遂往芜湖》一诗送行，拜托友人关注彼处消息。

顾炎武重返南京，同他交往最多的，则是明遗民王潆。王潆比顾炎武长14岁，字元倬，上元人。明崇祯九年（1636）举人，后明廷征召，以世乱亲老不出。明亡，隐居不仕。这一年的闰五月十日，顾炎武与之拜谒孝陵，共哭陵下。

在顾炎武同王潆的交往中，这年夏末秋初南京城西栅洪桥下的聚会最令人注意。当时，王潆置酒浆瓜果，请顾炎武作陪。款待客人。其中，有二位著僧装。老者俗姓熊，名开元，字玄年，一字鱼山，湖北嘉鱼人。明天启年间进士，崇祯中，以劾首辅周延儒而名著朝野。明亡，追随南明政权，官至隆武朝左金都御使、东阁大学士。隆武政权败亡，遁入空门，为僧于苏州灵岩寺。少者俗姓刘，号石溪，释名髡残，湖南常德人。自少出家，早年在乡为僧。明亡，云游四方，一度寓居南京燕子矶禅院。石溪多与明遗民往还，在江南的反清复明运动中，每见其身影。与会的其他二三人，亦皆来自湘黔。此次聚会，湘黔战局和永历政权的存亡为主要话题。来客详告彼处历史和现状，未免黯然神伤。顾炎武盛赞彼中义士忠勇，表示愿意一道为兴复故国而努力。

关于顺治十三年（1656）七八月间顾炎武的行止，扑朔迷离，很不明确。经过陈祖武先生和王遽常和王冀民先生之所考，得出结论为顾炎武是年七月，曾南下湖州，应友人之约，参与庄氏私修明史事。后因看到庄氏不学，断然离去。接着改换姓名，继续南行，试图同东南沿海郑成功的军队联络。但由于旅途艰险，没有联络上，只好于八月返回南京。

5. 只身北游，吊古伤今

顺治十四年（1657）元旦，顾炎武六谒明孝陵。之后，由南京返回昆山故里，将家事稍作安排，只身弃家北游。时年45岁。从此，揭开了他后半生二十五年游历生涯的第一页。

顾炎武为什么要只身北游？学术界众说纷纭，莫衷一是。有的研究者认为，顾炎武此行，是为了躲避仇家的陷害。另有一些研究者认为，顾炎武北游是有秘密使命，意欲北上抗清，到北方去寻找抗清根据地，他们甚至还认为清朝初年的山西票号、民间秘密结社等等，都与顾炎武有关。我们认为，就顾炎武当时的处境来看，此次离家北游，确实就是为了摆脱纠缠，躲避豪绅叶方恒的陷害，当然也与抗清有关。至于他其后终老秦晋，不愿返乡则要较此次北游复杂得多，不能混为一谈。

江南朋友们听说顾炎武即将远行，都来为他饯行。酒过数巡，归庄站起来。慷慨陈词："宁人之出也，其将为伍员之奔吴乎？范雎之入秦乎？焉知今日困厄，非宁人行道于天下之发轫乎？"于是同人曰"善"，请歌以壮其行，从此，顾炎武踏上了北游的漫漫征途。

顺治十四年（1657）春，顾炎武只身逾江涉淮，北上山东。此行首途，并非通衢大邑济南，而是海滨重镇胶东莱州（治所在今掖县）。在莱州，顾炎武投奔的东道主是掖县赵士完、任唐臣。

赵氏为莱州望族，士完字汝信，明崇祯十五年（1658）进士。明亡，弃家南下，寄居镇江废寺。乱后返乡。其从兄士哲，早年为复社中人，远近闻名。一门昆弟，皆以才称。掖县任氏亦一方大族，"忠义之人，经术之士，出乎其中"。十余年后，顾炎武为任氏家谱撰序，曾记及此行。唐臣家中，藏有宋儒吴棫著《韵补》一部，顾炎武趁作客之便，得以借读并作注。旅居在掖县，炎武又交邑人钱大受。大受父祚征，天启间，官河南汝州知州，后为农民军所杀。应大受之请，顾炎武为钱祚征撰为《行状》一篇。

莱州为胶东滨海重镇，明末，明廷与后金对垒，此尤为战略要地。顾炎武北游至此，目睹战后乱景，感慨系之，于是吊古伤今，以《莱州》为题，赋诗一首。诗中有云："登临多感慨，莫笑一穷儒。"

离开掖县，顾炎武南下即墨，凭吊战国故人田单祠。置身安平君祠，顾炎武抚今追昔，深以不得田单一类功臣兴复故国而叹惜。

即墨东南四十里有不其山，东汉末，著名经师郑玄曾讲学于山麓学舍。明正德间，专门建立康成书院以示纪念。炎武登不其山怀古，面对往日书院废墟，不胜今昔之感。在《不其山》一诗中，他哨叹："荒山书院有人耕，不记山名与县名。为问黄巾满天下，可能容得郑康成？"

不其山再往南，则是滨海耸立的劳山，奇绝崔嵬，遥望泰岱，为一方胜景。顾炎武登临揽胜，成《劳山歌》一首。歌中痛感历代帝王滥用民力，以致昔日富庶之区，而今已是满目蓬蒿，吊古伤时，悲从中起。在劳山麓，顾炎武结识当地学者黄朗生。朗生父宗昌，为明御史，曾撰《劳山图志》，未成而卒。朗生继以成书，慕炎武名而请为该书作序。炎武推求劳山立名之旨，以警戒当事者。

顾炎武游劳山，得晤归隐于此的明饶州知府张允抡。允抡抚琴迎客，炎武独解琴音，于是成《张饶州允抡山中弹琴》一诗，以作此行纪念。诗中有云："赵公化去时，一琴遗使君。五年作太守，却反东皋耘。有时意不惬，来蹑劳山云。临风发宫商，二气相铟缊。可怜成连意，空山无人闻。我欲从君栖，山厓与海滨。"

遍游齐鲁。顺治十四年（1657）秋，顾炎武于淮北大雨之后，冒淅沥淫雨，北上济南，赤脚跋涉270里，天始放晴而见干土。炎武此行，系应济南友人徐元善所邀。元善字长公，少炎武两岁，为济南府新城县人。早年为诸生，明亡，清兵破新城，其母死，元善遂南游江、浙。顾炎武与徐元善相识，当早在江南，炎武侨居南京神烈山下屡谒明孝陵，元善亦尽知其事。所以，元善于此时致书炎武，嘱北上京城，至天寿山谒明十三陵。顾炎武如约至济南，与徐元善新城再晤，诗文唱和，痛陈沧桑。

顾炎武得徐元善款待，在新城度过岁末。翌年春，炎武离济南南下，至泰安，登泰山。旋即至曲阜，谒孔子庙、周公庙。然后继续南行，至邹县，谒孟子庙。各地游历，炎武皆有诗抒怀，其中尤以《七十二弟子》一诗，最可见其志趣。该诗有云："乱国谁知尔，孤生且辟人。危情尝过宋，困志亦从陈。簫舞虞庠日，弦歌阙里春。门人惟季次，未肯作家臣。"

拜谒圣贤庙后，顾炎武北返邹平，应原明工部尚书张延登之子邀，游张氏万斛园。又交邹平学者马骕，共至城郊访碑吊古。随后至章丘，应隐士张光启之约，做客张氏省园。离章丘，至长山，结识隐士刘孔怀。夏，再至济南，又晤徐元善。

去冬腊八节，归庄、戴笠、王仍、潘柽章诸友人在吴江柽章韭溪草堂聚会，怀念远在山东的顾炎武，成联句长诗一首。

此诗当系寄济南，托徐元善转交。故济南再晤元善，炎武遂得读诸友联句。尽管友人催促炎武返乡，但是驰骋四方之想，已非思乡之情所能拘縻了。于是炎武和长诗一首《酬归祚明戴笠王仍潘柽章四子韭溪草堂联句见怀二十韵》送江南诸友。离开济南，顾炎武东行至潍县、益都。是年初秋，遂依徐元善安排，北上京城。

　　顺治十五年（1658）初秋，顾炎武取道督亢，直驱北京。督亢为战国燕地，本为膏腴之区，历经沧桑，尤其是清初圈地的野蛮摧残，而今已是满目疮痍。抚今追昔，顾炎武以《督亢》为题赋诗一首，并成《督亢图》一幅。惜图已不传，而诗则幸存今本《亭林诗集》中。

　　督亢而北，京城在望。抵达京城，不胜今昔之感，国破家亡之痛油然而生。

　　炎武此行，本为拜谒昌平明十三陵而来，故无意在京城逗留。经与京中友人孙宝侗等安排，遂出都东行，遍历幽燕，凭吊古迹。他自是年深秋出京，取道蓟州，历遵化，过玉田，抵永平，在卢龙度岁，复东出山海关，游昌黎，取道迁安三屯营，遂于顺治十六年（1659）春夏间抵昌平。

　　在卢龙度岁期间，永平知府慕炎武名，率同一方士绅登旅邸拜望，敦请主持府志定稿事宜。炎武婉言相拒，赋《永平》诗一首以明志。

　　其后，顾炎武终以不能应邀为《永平府志》定稿而引为歉疚。于是他取二十一史、《资治通鉴》诸书，将其中自燕、秦以来，迄于元至正年间，有关营、平二州重大史事，辑录成帙，汇为六卷，题为《营平二州史事》。此书今日虽已不传，但所幸尚有《营平二州史事序》一篇存《亭林文集》中。顾炎武推尊万历间永平学者郭造卿纂修《燕史》和《永平志》的业绩。

山海关耸峙海滨，雄关一道而系明清兴亡。顾炎武登临关楼，极目远眺，昔日战场硝烟，影影约约，依稀可见。他抚今追昔，成《山海关》诗一首。炎武以诗述史，痛陈兴亡，于吴三桂降清，尤有猛烈鞭挞，诗中有云："神京既颠陨，国势靡所托。启关元帅降，歃血名王诺。自此来域中，土崩无斗格。海燕春乳楼，塞鹰晓飞泊。七庙竟为灰，六州难铸错。"

由山海关折返昌黎，弹丸小邑，明末，清军破关袭扰，一城军民婴城固守，可歌可泣。顾炎武为之肃然起敬，专程拜谒守城义士祠，成《拽梯郎君祠记》一文，以资纪念。

顾炎武弃家北游，经青、齐而至幽、燕，寒暑迭易，3 年不归。其亲人及江南诸友，每多系念，时有诗文远寄。归庄《寄怀顾宁人》有云："故人北去已三年，北望钟山信杳然。破尽万金一身在，青齐飘泊又幽燕。知君已谢鲁朱家，此去无烦广柳车。宫阙山河千古壮，可怜不是旧京华！"顺治十六年（1659）春，顾炎武有诗 3 首，分寄其幼弟纾及江南诸友人。3 首诗如泣如诉，既述旅途艰辛，又在在抒发不可移易的立身旨趣，最可见其傲岸风骨。

顺治十六年（1659）夏，顾炎武抵达昌平明十三陵，拜谒明朝历代帝王陵寝，悲从中起，泪如涌泉。在《恭谒天寿山十三陵》一诗中，顾炎武写道："麦饭提一箪，枣榛提一筐。村酒与山蔬，一一自携将。下阶拜稽首，出涕双浪浪。主祭非曾孙，降假非宗祊。重上诸陵间，彷徨复彷徨。"至此，顾炎武幽燕之行如愿以偿。

6. 南北往返，风尘仆仆

顺治十六年（1659）初秋，顾炎武离开昌平，取道山东南下。此后3年间，他忽南忽北，频繁往返，皆在仆仆风尘之中。

江上烽火。顾炎武何以要于顺治十六年（1659）初秋离开昌平南下？尽管其中原因他从未提到，但是联系这时的江南局势，则在南归时机的选择上，恐怕绝非偶然。

顺治十六年（1659）春，清军三路入滇，会师昆明，追剿南明永历政权。三月，永历君臣遁往缅甸，南明政权名存实亡。与此同时，为牵制清军，郑成功屯兵东南沿海，与张煌言部合师北进。五月中，郑、张水师进抵长江口外崇明岛。旋即浩荡入江，于六月中连克瓜州、镇江，兵逼南京。张煌言部则分兵溯江而上，直抵安徽芜湖。败报传至北京，清廷上下，震恐异常。京中各城门皆张贴告示，宣称顺治帝将亲征江南。一时之间，人心惶惶，混乱一片。而此时，顾炎武的外甥徐元文正在京中应礼部会试，后即以新科状元而供职翰林院。有关江南局势的消息，既然寻常百姓可从官方文告得知一二，顾炎武亦当可从徐元文处得到通报。因此，他选择这样一个时机南归，或许不会是巧合。

郑成功、张煌言的北伐，对不忘兴复故国的顾炎武来说，确实是一个莫大的鼓舞。然而他兼程南下，赶至扬州，等待他的却是复明幻梦的破灭。郑成功义军功败垂成，早已退出长江，张煌言孤军深入，身陷重围，全军覆没。此时的江淮，大雨滂沱，阴霾沉沉，顾炎武的心境也是一片黯然，格外沉重。《秋雨》一诗，恰是真实写照："生无一锥土，常有四海心。流转三数年，不得归园林。蹠地每涂潦，阛天久曀阴。尚冀异州贤，山川恣搜寻。

秋雨合淮泗，一望无高深。眼中隔泰山，斧柯未能任。车没断崖底，路转崇冈岑。客子何所之，停骖且长吟。夸父念西渴，精卫怜东沉。何以解吾怀，嗣宗有遗音。"

不绝秋雨，怅惘遗民，顾炎武与在扬州的诸友人依依惜别，留下《与江南诸子别》诗一首。沧海横流，故国难再，惟有各自珍重，草庐容身。

郑成功军入长江，沿江上下，遗民雀跃。曾几何时，骄兵溃败，大好局势化为乌有。顾炎武痛定思痛，以《江上》为题，对义军北伐成败进行总结。

离开扬州，无家可归，顾炎武依然取道山东，北上京城。十一月，他将近两年遨游诸咏寄友人归庄。书札及诸咏寄达江南，已是翌年。

顺治十六年（1659）夏秋间，郑成功、张煌言率水师北伐，直逼南京城下，对业已入主中原16年的满洲贵族，是一个沉重的打击。事过之后清世祖一面惩治失职官员，镇压反清力量，另一面则做出尊礼明代帝王姿态，以笼络民心，稳定局势。于是当年十一月，世祖专程前往昌平，拜谒崇祯帝陵及明帝诸陵。随后，又遣内大臣索尼致祭明崇祯帝，祭文有云："惟帝亶聪御极，孜孜以康阜兆民为念，十七年来，劫毖无斁。不意流寇猖獗，国遂以倾，身殉社稷。向使遭际景运，可称懿辟。独是缵承衰绪，适丁劫厄，虽励精图治，而倾厦莫支。朕念及此，恒用深恻。兹巡幸畿辅，偶过昌平，睇望陵寝，益为凄然。特具牲帛酒品，用昭礼祭。尚飨。"旋即又颁谕工部，下令修葺明帝诸陵，谕中说："前代陵寝，神灵所栖，理应严为防护。朕巡幸畿辅，道经昌平，见明代诸陵，殿宇墙垣，倾圮已甚，近陵树木，多被斫伐。向来守护未周，殊不合理。尔部即将残毁诸处，尽行修葺。见存树木，永禁樵采。添设陵户，令其小心看守。责令昌平道官，不时严加巡察。尔部仍酌量每年或一次，或二次，差官察阅，勿致疏虞。"

顺治十七年（1660）二月，顾炎武北抵昌平，再谒明十三陵，留下《再谒天寿山陵》诗一首。

顾炎武在京中逗留期间，再晤友人王丽正。丽正为安徽歙县人，明诸生，顺治二年（1645），曾在江南从金声起兵抗清，兵败，流寓四方，守志不屈。去年，炎武初入北京，即与丽正相晤。此番重逢，正值丽正南归在即，于是炎武写下《送王文学丽正归新安》诗一首，以送返乡友人。

此时，炎武三甥徐元文，以顺治十六年（1659）状元而为官翰林院，长甥徐乾学亦正在京中，准备应秋天的顺天府乡试。炎武入京，似当寄居外甥宅邸。元文入仕，已成清朝新贵，炎武固守明遗民矩矱，舅甥之情断不可见于诗文唱和。而徐乾学此时尚是布衣，故乾学呈诗炎武，炎武遂有《答徐甥乾学》诗一首。

仲春时分，顾炎武尚在昌平十三陵下。曾几何时，同年秋，南京明孝陵下，出现了他仆仆风尘的身影。长途跋涉，七谒孝陵，炎武此时所写《重谒孝陵》一诗，虽仅寥寥四句，但实最可玩味："旧识中官及老僧，相看多怪往来曾，问君何事三千里，春谒长陵秋孝陵？"动荡的时代，动荡的人生，三千里关河崎岖，统统消释在短短的春秋之间。倘非国破家亡隐痛的驱使，倘非兴复故国之想的激励，年近半百的老人，恐怕难以经受如此繁重的旅途劳顿。由此可见，顺治十四年（1657）顾炎武的山东之行，固属避仇。然而三年多过去，仇家已去，旧怨不存，复有挚友苦苦劝归，炎武依然旅途，不返乡里，抑或就不是"避仇"二字所能够概括。

南京既是明朝南都，又是顾炎武北游前的客居地。经历频年干戈扰攘之后，如今故地重游，虽河山依旧，但遗民的伤心泪仿佛同长江水合而为一，分不清哪是江水、哪是泪水。触景生情，炎武写下《白下》诗一首："白下西风落叶侵，重来此地一登临。清笳皓月秋依垒，野烧寒星夜出林。万古河山应有主，频年戈甲苦相寻。从教一掬新亭泪，江水平添十丈深。"

在南京，顾炎武得以拜见流寓于此的前辈遗民林古度。古度字茂之，一字那子，福建福清人，时已81岁。炎武最为敬重老成，何况是志同道合的长者，于是肃然赋诗，以示景仰。古度既重炎武志节，读其北游诸诗，亦诗亦史，更喜其忠义感人，于是欣然次韵作答。

九月，顾炎武在扬州僧舍晤友人黄师正。师正字帅先，福建建阳人。早年入史可法幕，可法殉难，师正返乡。唐王政权在福州建立，与炎武同官兵部职方司主事。隆武政权败亡，改名澂之，字静宜，漫游大江南北。炎武与师正既为同志，又系诗文知交。炎武北游之初，师正曾相继有《怀宁人客燕》《宁人道兄归自燕山出示近作》二诗相赠。如今重逢，炎武则以诗存人，倾诉对友人的敬重。师正与炎武心心相印，亦和二律酬答。

这年冬天，顾炎武取道六合，南归苏州。在六合，友人沈子迁送炎武亡友顾梦游遗诗一部请阅。四年前，炎武北游，曾在南京晤顾梦游。梦游善诗，炎武一直事以兄礼，当时他曾告梦游："兄平生作诗多散佚，今老矣，可无传乎？"梦游则答复："有一编在故人沈子迁所，其他稿杂旧笥中，病未理也。"去年秋，炎武南归抵扬州，始闻梦游噩耗，且知友人施闰章有意刻梦游诗而未得如愿。如今得见亡友遗诗凡二百六十首，想是多涉明清兴亡的缘故，炎武被迫删去大半，交沈子迁刻印。他就此撰为《顾与治诗序》一篇。对于亡友梦游的遗诗得以结集刻印，顾炎武很有感慨，喟叹道："呜呼！士之生而失计，不能取舍，至有负郭数顷，不免饥寒以死，而犹幸有故人录其遗诗，以垂名异日，君子之所以贵乎取友也如是。"

阔别故土四载，顺治十七年（1660）岁末，顾炎武终得返回苏州。度岁吴门，乱离之中得与旧友戴笠、潘柽章等聚首，亦是苦中乐事。当时，潘柽章正与友人吴炎一道纂辑《国史考异》，以记有明一代兴亡。为支持友人的著述事业，顾炎武将所藏书册千余卷借给吴、潘二人。时值炎武甥徐元文状元及第未久，当炎武往吴江韭溪访潘柽章时，潘柽章特地就此规劝，不可因之而稍贬其节。炎武于友人规劝感念不忘，事后为文追记道："予之适越，过潘子，时余甥徐公肃新状元及第。潘子规余慎无以甥贵稍贬其节。余谢不敢。"

顺治十八年（1661），顾炎武在吴门迎来元旦。由于明《大统历》与清《时宪历》纪日的差异，因而二历的元旦相差一天。顺治十八年（1661）元旦，《时宪历》为辛亥日，而《大统历》则为壬子日。顾炎武固守遗民矩矱，终身奉明正朔不改，所以他于明《大统历》元旦日，以《元日》为题赋诗一首，以抒发对永历政权复明的希望。

春初，顾炎武离苏州南下，抵达杭州。杭州为宋室南渡后的偏安所在，入清之初，这里又是潞王朱常淓流寓之处。南宋灭亡，前事未远，而常淓沦为清廷阶下囚，更恍若昨日。炎武抚今追昔，成《杭州》诗二首。炎武二诗，以诗述史，一谈宋事，一谈南明，皆深寄兴亡感慨。

杭州以东，绍兴会稽山在望，那里有闻名遐迩的大禹陵。顾炎武登临禹陵，凭吊先哲，回首大禹的历史功业，痛惜南明鲁监国政权的昙花一现，凄恻之情油然而起。于是他以《禹陵》为题成诗一首。

绍兴府所属萧山县，有南宋六帝陵寝，依次为高宗永思陵、孝宗永阜陵、光宗永崇陵、宁宗永茂陵、理宗永穆陵、度宗永绍陵。元初，诸陵横遭摧残。如今，历史重演，顾炎武南来凭吊，于《宋六陵》诗中有云："六陵饶荆榛，白日愁春雨。山原互起伏，井邑犹成聚。偃折冬青枝，哀哀叫杜宇。海水再桑田，江头动金鼓。蹝屩一迁逡，泪洒攒宫土。"

余姚毗邻萧山，为炎武友人吕章成故里。先前，顾、吕二人曾在昌平同谒明帝陵。如今炎武南游，再晤章成，得读章成以《千字文》体述明一代史事，感其不忘故国，且以之教授学子，于是欣然为之撰序。同年秋，顾炎武结束浙江之行，北返苏州。顾炎武在苏州并未停留多久，而是掉头北去，于闰七月取道南京，径往山东。此时的故乡，仇家北去，旧怨已释，按理顾炎武似可觅一安静去处，定居下来，不必再四方流转。然而炎武以天下为己任，连年的往返山东，不禁生发出移家齐鲁之想。这有他当年冬在益都登颜神山作《颜神山中见桔》一诗为证。诗中，炎武以桔自况，抒发了希望得屈原一般的高洁之友，结庐北国之想。他说："黄苞绿叶似荆南，立雪凌寒性自甘。但得灵均长结伴，颜神山下即江潭。"顺治十八年（1661）的冬天，顾炎武是在山东度过的。他将数年来在山东的考古所得，加以整理，辑为《山东考古录》。

7. 行万里路，读万卷书

康熙元年（1662）春，顾炎武离山东北上，再赴京城。此后数年，他以友人所赠二马二骡装驮书卷，常年往返于秦、晋、冀、鲁之间，行万里路，读万卷书，决意把自己的后半生献给著述事业。

明崇祯十七年（1644）三月十九日，是崇祯帝朱由检缢死煤山之日。18 年过去，顾炎武于康熙元年（1662）三月十九日专程赶往昌平，凭吊崇祯陵。此时，桂王朱由榔自缅甸擒回的消息已经传开，南明最后一个政权覆亡，顾炎武兴复故国之想亦付诸东流。于是他以《三月十九日有事于攒宫时闻缅国之报》为题，赋诗写状心境。

拜毕崇祯帝陵，顾炎武燕北考古，历时月余。五月下旬，再返昌平。在这里，他度过了 50 岁的生日。回首往事，瞻望前程，顾炎武并没有丝毫的消沉和颓丧，他赋诗《五十初度时在昌平》一首。

当时的京中，盛传一桩涉及礼制的大事，即北岳恒山的祭祀地点问题。据《清世祖实录》载，顺治十七年（1660）二月，"刑科都给事中粘本盛以祀典二事条奏，一移祀北岳于浑源州，一应建传圣祠于文庙，祭祀周公"。之后，清廷竟"议准，改祭北岳恒山于山西浑源州"。

其实，将北岳恒山由河北曲阳改祭于山西浑源，并非粘本盛突发奇想，明代早有议论，只是未获明廷批准罢了。据谈迁著《国榷》载，弘治六年（1493）七月，"戊午，初，兵部尚书马文升言，北岳恒山在浑源州，李唐有飞石曲阳之祠。宋失河北地，白沟河为界，遂祭北岳于曲阳。国朝因之，祭于故都之南，非其故封。礼部尚书倪岳议，曲阳历汉已然。太常寺卿范拱言，轩辕居上谷，在恒山西，舜居蒲坂，在恒山北，未尝据都改岳。上然之"。顾炎武熟谙史事，于明代朝章国故，尤称通晓，对于清廷贸然改祭，他深感义愤。于是这年夏天，炎武离京南下，进行实地考察。

顾炎武先到河北曲阳谒北岳庙，将尚存唐宋碑刻一一拓印摹写。随后再入山西，至浑源县寻觅所谓北岳庙遗址。历时近半年，真相终得澄清，他就此写下《北岳辨》一文。这是一篇很有分量的考据文章，征引文献，辅以碑版，原原本本，可据可依。

为证明马文升改祀说之荒谬，顾炎武于唐以前，则博征载籍，以澄清"北岳之祭于上曲阳也，自古然矣"；于唐以后，则引据碑文，以判定"文升乃谓宋失云中，始祭恒山于此，岂不谬哉"！其间，顾炎武所历举的载籍，如《尚书》《尔雅》《周礼》《史记》《汉书》《后汉书》《魏书》《隋书》《唐书》和《风俗通》《水经注》等，尽人皆知，已称有力。而为他所发现的诸多唐宋碑刻，则更属铁证，不可辩驳。

康熙元年（1662）十月，顾炎武在山西太原留下了又一篇重要文字，即《书杨彝万寿祺等为顾宁人征天下书籍启后》。

从这篇后记中，可得知有关炎武生平学行的两个重要节目。一是十年前，即顺治九年（1652），顾炎武北游之愿已萌，江南友人曾为他联名写过一篇《征书启》，予以介绍。第二，顾炎武北游以来，行万里路，读万卷书，于康熙元年（1662）完成了《肇域志》的撰写。

至于那篇《征书启》，幸得清人沈岱瞻搜讨，辑入《同志赠言》，谨过录如后："东吴顾宁人，名炎武。驰声文苑，垂三十年。其高祖刑科给事中讳济，累疏直言，载在武、世二庙《实录》。曾祖南京兵部右待郎讳章志，历任藩臬京兆，及掌南兵，疏更舡政，苏军卫二百年之困。本生祖左春坊左赞善讳绍芳。嗣祖太学讳绍芾。兄孝廉讳绅，并以诗文为海内所宗。嗣母王氏，未嫁守节，奉旨旌表贞孝。及闻国变，不食而卒，天下称为贞烈。宁人年十四为诸生，屡试不遇。由贡士两荐授枢曹，不就。自叹士人穷年株守一经，不复知国典朝章、官方民隐，以至试之行事，而败绩失据。于是尽弃所习帖括，读书山中八九年。取天下府州县志书及一代奏疏文集遍阅之，凡一万二千余卷。复取二十一史并实录，一一考证，择其宜于今者，手录数十帙，名《天下郡国利病书》。遂游览天下山川风土，以质诸当世之大人先生。昔司马子长遍游四方，乃成《史记》；范文正自秀才时，以天下为己任；若宁人者，其殆兼之。今且北学于中国，而同方之士知宁人者，敬为先之以言。冀当世大人先生，观宁人之文以察其志，而助之闻见以成其书。匪直一家之言，异日天下生民之福，其必由之矣。"

联名撰写上述公启者，共 21 人，皆一时志节耿然的明遗民。计有：王猷定、毛骧、顾有孝、王潢、张悫、潘柽章、顾梦麟、陆圻、吴炎、杨彝、黄师正、汤濩、万寿祺、杨瑀、王锡阐、方文、归庄、陈济生、丁雄飞、吴任臣、戴笠。在当时的历史条件下，南北各地明遗民尚存，顾炎武凭借自己的傲岸人格和学术素养，又有这样一份十分有分量的公启介绍，遨游四方，交友天下，也就成为可能了。此后，顾炎武西游秦晋，在山陕高原陆续结识傅山、李因笃、王弘撰、李颙等操志高洁之士，且与明宗室后裔朱存杠定交。他既为纯朴的西北民风所感染，又得置身雄关，俯视中原，一览天下之势的熏陶，于是流连忘返，直至最终卜居于此。

康熙二年（1663）春，顾炎武旅居山西太原。此时，由京中传来因浙江湖州庄廷鑨私撰《明史》，清廷正锻制冤狱的消息。对于庄氏修史，顾炎武早有了解，且曾于顺治十三年（1656）应约前往湖州。后因鄙薄庄氏不学，未留下助其修史。此时清廷竟因之而严加追究，兴起大狱，虽案情不明，但炎武已深感文字高压的严酷。于是他以《闻湖州史狱》为题，成诗一首，诗中云："永嘉一蒙尘，中原遂翻覆。名弧石勒诛，触眇苻生戮。哀哉周汉人，离此干戈毒。去去王子年，独向深岩宿。"

《明史》冤狱案情的发展，远出顾炎武意料之外。当他于六月初抵达汾州时，噩耗传来，清廷滥杀无辜，挚友潘柽章、吴炎皆因史狱牵连，蒙冤罹难。顾炎武悲从中起，一腔义愤迸然而出。他在汾州旅邸以歌当哭，遥祭死友。同时，炎武又以史家直笔，将所了解的冤狱真相如实记录下来。在所撰《书吴潘二子事》中，炎武写道："苏之吴江有吴炎、潘柽章，二子皆高才，当国变后，年皆二十以上，并弃其诸生，以诗文自豪。既而曰：'此不足传也，当成一代史书，以继迁、固之后。'于是购得《实录》，复旁搜人家所藏文集奏疏，怀纸吮笔，早夜矻矻，其所手书，盈床满箧，而其才足以发之。及数年而有闻，予乃亟与之交。二子皆居江村，潘稍近，每出入，未尝不相过。又数年，潘子刻《国史考异》三卷，寄予于淮上，予服其精审。又一年，予往越州，两过其庐。及余之昌平、山西，犹一再寄书来。会湖州庄氏难作，庄名廷鑨，目双盲，不甚通晓古今。以史迁有'左丘失明，乃著国语'之说，奋欲著书。其居邻故阁辅朱公国桢家，朱公尝取国事及公卿志状疏草，命胥抄录，凡数十帙，未成书而卒，廷鑨得之，则招致宾客，日夜编辑为《明书》，书冗杂不足道也。廷鑨死，无子，家赀可万金。其父胤城流涕曰：'吾三子皆已析产，独仲子死无后，吾哀其志，当先刻其书，而后为之置嗣。'遂梓行之。慕吴、潘盛名，引以为重，列诸参阅姓名中。书凡百余帙，颇有忌讳语，本前人诋斥之辞未经删削者。庄氏既巨富，浙人得其书，往往持而恐吓之，得所欲以去。归安令吴之荣者，以赃系狱，遇赦得出。有吏教之买此书，恐吓庄氏。庄氏欲应之，或曰：'踵此而来，尽子之财不足以给，不如以一讼绝之。'遂谢之荣。之荣告诸大吏，大吏右庄氏，不直之荣。之荣入京师，摘忌讳语密奏之，四大臣大怒，遣官至杭，执庄生之父及其兄廷钺及弟侄等，并列名于书者十八人皆论死。其刻书、鬻书，并知府、推官之不发觉者，亦坐之。发廷鑨之墓，焚其骨，籍没其家产。所杀七十余人，而吴、潘二子与其难。当拘讯时，或有改辞以求脱者，吴子独慷慨大骂，官不能堪，至拳踢仆地。潘子以有母故，不骂亦不辨。其平居孝友笃厚，以古人自处，则两人同也。予之适越，过潘子时，余甥徐公肃新状元及第，潘子规余慎无以甥贵稍贬其节，余谢不敢。二子少余十余岁，而予视为畏友，以此也。方庄生作书时，属客延予一至其家，予薄其人不学，竟去，以是不列名，获免于难。二子所著书若干卷，未脱稿，又假予所蓄书千余卷，尽亡。予不忍二子之好学笃行而不传于后也，故书之。且其人实史才，非庄生者流也。

顾炎武的这篇《书吴潘二子事》，以文而存死友，他日吴炎、潘柽章学行之得以名垂史册，当首推炎武表彰之功。而文中所记

《明史》冤狱始末，亦以真实可信，成为迄今探讨此段史事最可宝贵的资料。关于《明史》冤狱，已故王遽常先生著《顾亭林诗集汇注》，依据顾炎武诗文及其他史料，有过详细考证。遽常先生指出："庄廷鑨，湖州归安南浔镇人，故曰湖州史狱。考陆莘行《秋思草堂遗集·老父云游始末》谓，康熙元年（1662）二月，或有告其父圻，湖州庄姓者，所著秽史，抵触本朝，兼有查、陆、范评定姓名，大为不便。查者名继佐，范者名骧，陆者其父也。其父等即具牒请赵教谕查验。六月，吴之荣者有憾于庄、查，遂抱书击登闻鼓以进。十一月十五日，其父被捕。十二月，与查、范起解。癸卯正月，到京，同人刑部牢。不数日，命下，回浙候审，即日出京。三月初六抵杭，入营监守。计营中所系，庄氏父子、朱氏父子、花里茅氏、赵教谕等，尚有评文姓氏多人。"

王先生还引述佚名《研堂见闻杂记》云："吴兴朱国桢撰《明史》，其子孙以其稿本贸之庄姓者，庄续成之而布之板。其所续烈皇帝诸传，于我朝龙兴事有犯，盛行于坊间。有县令首之朝，天子震怒，逮系若干人。如查继佐、陆圻、范骧，皆浙中名宿。其他姻党亲戚，一字之连，一词之及，无不就捕。每逮一人，则其家男女百口皆银铛同缚，杭州狱中至二千余人。"

王先生复引该书云："《明史》之狱，发难于吴之庸（案：即吴之荣），决于康熙二年之五月二十六日。得重辟者七十人，凌迟者十八人。茅氏一门得其七，当是鹿门后人。如庄、如朱，皆在数中。朱字右明，出赀四五百万助刻，故亦株连。其余绞者数人，郡伯、司理皆与焉。外皆骈首就戮。浒墅榷关使者李继白，止以买书一部，亦与祸。书贾陆德儒及刻匠若干人，皆不免。若范骧、陆圻、查继佐之属，皆首在事前，得免死释归。是役也，或谓吴之庸实伪刻数叶，以成其罪，故所行之书，大有异同。于是贾人刻手，纷纷锻炼而竟不免。一夫作难，祸及万家，惨失哉！"蘧常先生又引《榴龛随笔》说："同时文人受祸，除吴、潘外，可考者尚有蒋麟征、张文通、张隽、董二酉、茅元铭、黎元宽、吴心一诸人。刻工之可考者曰汤达甫，刷匠之可考者曰李祥甫。"

康熙三年（1664）春，顾炎武出潼关，山西考古，历时半年，于当年七月初一抵达北京昌平，十五日，四谒明崇祯帝陵。就此次谒陵，炎武写下《谒欑宫文》一篇《孟秋朔旦有事于欑宫》诗一首。

昌平谒陵毕，顾炎武南下保定，拜望河北大儒孙奇逢。奇逢字启泰，号钟元，晚号岁寒老人，学者以其所居尊为夏峰先生，河北容城人。生于明万历十二年（1584），卒于清康熙十四年（1675），享年92岁。孙奇逢的大半生都是在明代度过的。天启间，阉党祸国，东林名士左光斗、魏大中、周顺昌等被逮下狱。奇逢与鹿正、张果中倡义营救，冒死犯难，正气耿然，史称"范阳三烈士"。崇祯间，清兵频频破关袭扰，他组织义勇，结寨易州（今河北易县）五公山，拒敌保乡，深得一方官民敬仰。明廷聘用，屡征不出。明亡，孙奇逢已年逾花甲。由于故园被旗兵圈占，他含恨离乡背井，举家南徙，寄居河南辉县苏门山。清廷屡有征聘，皆为他所断然拒绝。晚年的孙奇逢，在苏门山夏峰村课徒授业，勤于著述，广交南北学术俊彦，俨然中原学术重镇。

顾炎武于康熙三年（1664）八月初一拜见孙奇逢，炎武时当52岁盛年，而奇逢已是81岁高龄。高山仰止，景行行止，一腔虔诚见诸文字，遂成《赠孙征君奇逢》一诗。

根据陈祖武先生考证，此次顾炎武同孙奇逢会晤，地点当在

保定府容城县孙氏故里。炎武来访，曾携有申涵光所写绍介信函一封。关于他的家世，孙奇逢已于晤面前从史可程、傅山处得知。会晤过程中，炎武屡次谈起太原友人傅山。两个多月后，孙奇逢还有书信复顾炎武。奇逢的《答顾宁人书》，今天虽已无从见到，但因晤面而有复书，则是确然无疑的。容城告别孙奇逢，顾炎武取道德州入山东，度岁于泰安。翌年春，由泰安至济南，抵章丘。章丘土豪谢长吉欠炎武债久未偿还，至此以田产抵押，炎武遂在章丘大桑家庄有了田地屋宇。炎武本有移居山东之想，此次置产章丘，或是一个尝试。殊不知谢长吉并非善类，3年后，正是他唆使策划，罗织罪名，使顾炎武再度身陷囹圄。

垦荒雁北。康熙五年（1666）春，顾炎武离章丘，取道河北，再游山西。在太原东郊，他与作幕于此的浙江学者朱彝尊相识，遂结为友好。六月，炎武北上代州。闻顾炎武西游，陕西富平友人李因笃偕远游关中的广东学者屈大均，专程赶来相会。于是遂有炎武与朱彝尊、李因笃、傅山等人集资垦荒之举。

关于雁北垦荒的缘起、经营、结局等等，代远年湮，已不得其详。顾衍生辑炎武年谱，记及此事，不过寥寥数字，即"与子德辈二十余人鸠赀垦荒于雁门之北"。其根据则是顾炎武给潘耒的一封复信，信中说："近则稍贷赀本，于雁门之北，五台之东，应募垦荒。同事者二十余人，辟草莱，披荆棘，而立室庐于彼。然其地苦寒特甚，仆则遨游四方，亦不能留住也。彼地有水而不能用，当事遣人到南方，求能造水车、水碾、水磨之人，与夫能出资以耕者。大抵北方开山之利，过于垦荒，蓄牧之获，饶于耕耨，使我有泽中千牛羊，则江南不足怀也。"

顾炎武既称此次垦荒为"应募"，又称"当事遣人到南方"，可见集资垦荒之举系山西地方当局倡议且认可的。而此时的代州长官陈上年，为李因笃幕主，炎武即由因笃而与之相识。陈上年字祺公，保定清苑人，礼贤下士，乐与文士交。所以，炎武赠友人诗，每每比之于信陵君、望诸君。康熙五年（1666），炎武撰《寄刘处士大来》一诗，诗中所云"一过信陵君，下士色无倦"，即指山东友人刘六茹投奔陈上年事。同年六月抵代州，重逢李因笃，再撰《重过代州赠李处士因笃在陈君上年署中》一诗，则既以再晤因笃而赞其高才，又喜上年豪侠仗义、文武兼具。惟其如此，顾炎武离代州，陈上年欣然赋诗二首送行。而翌年顾炎武同李因笃再晤京城，借抄孙承泽所藏经学诸书，一应费用便得自陈上年的资助。关于这一点，康熙六年（1667）顾炎武撰《抄书自序》说得很清楚："今年至都下，从孙思仁先生得《春秋纂例》《春秋权衡》《汉上易传》等书，清苑陈祺公资以薪米纸笔，写之以归。"

其实，顾炎武与诸多友人垦荒雁北，其目的恐怕并不在于谋利，也不能简单地将它同反清复明一类活动相联系。他的深意，抑或欲以此而做出一种示范，以倡导为学经世的传统精神，韬光养晦，等待中兴之主，为国家建功立业。

康熙五年（1666）秋，顾炎武由北京至山东。十月，炎武撰《韵补正》在山东脱稿。该书序中，炎武写道："余为《唐韵正》，已成书矣。念考古之功，实始于宋吴才老，而其所著《韵补》，仅散见于后人之所引而未得其全。顷过东莱，任君唐臣有此书，因从假读之月余。其中合者半，否者半，一一取而注之，名曰《韵补正》，以附《古音表》之后。如才老，可谓信而好古者矣。后之人如陈季立、方子谦之书，不过袭其所引用，别为次第而已。今世甚行子谦之书，而不知其出于才老，可叹也。然才老多学而识矣，未能一以贯之，故一字而数叶，若是之纷纷也。夫以余之谫陋，而独学无朋，使得如才老者与之讲习，以明六经之音，复三代之旧，亦岂其难？而求之天下，卒未见其人，而余亦已老矣，又焉得不于才老之书而重为之三叹也夫！"

岁末，炎武抵兖州，客居知府彭绳祖署。炎武历年来辑有《古今集论》五十卷，在这里他得到兖州司李刘泽远相助，将其中有关经学和治术的文字录出，改题《近儒名论甲集》刊行。

康熙六年（1667）正月中，顾炎武南旋，携业已完成的《音学五书》书稿至淮安，送请友人张弨刊刻。《音学五书》凡三十八卷，由《音论》、《诗本音》、《易音》、《唐韵正》和《古音表》五部分构成。全书承明人陈第对古音的探讨，以对上古音韵的成功离析，开启了一代音韵学研究的先路。

在梳理音学源流之后，顾炎武专就《音学五书》的结撰写道："炎武潜心有年，既得《广韵》之书，乃始发悟于中而旁通其说。于是据唐人以正宋人之失，据古经以正沈氏唐人之失，而三代以上之音部分秩如，至赜而不可乱。乃列古今音之变，而究其所以不同，为《音论》二卷，考正三代以上之音；注三百五篇，为《诗本音》十卷；注《易》，为《易音》三卷；辨沈氏部分之误，而一一以古音定之，为《唐韵正》二十卷；综古音为十部，为《古音表》二卷，自是而六经之文乃可读。其它诸子之书，离合有之，而不甚远也。天之未丧斯文，必有圣人复起，举今日之音而还之淳古者。子曰：'吾自卫反鲁，然后乐正，《雅》、《颂》各得其所。'实有望于后之作者焉。"

张弨为古文字学家，工于篆刻。此后十余年间，顾炎武的

《音学五书》得其襄助，不断完善。在诸多学术界友朋的帮助下，先期刻成的《诗本音》亦屡经刊改，精益求精。直至康熙十九年（1680），全书始告刊定，炎武于是年三月十五日再撰《后序》一篇。文中写道："余纂辑此书三十余年，所过山川亭障，无日不以自随，凡五易稿而手书者三矣。然久客荒壤，于古人之书多所未见，日西方莫，遂以付之梓人，故已登版而刊改者犹至数四，又得张君弨为之考《说文》，采《玉篇》，仿《字样》，酌时宜而手书之；二子叶增、叶箕分书小字；鸠工淮上，不远数千里累书往复，必归于是，而其工费则又取诸鬻产之直，而秋毫不借于人，其著书之难而成之之不易如此。"

顾炎武的淮安之行，历时半月，其下榻处为友人王略寓庐。王略，字起田，与炎武同年同月生，稍长二十余日。据顾炎武称："往余在吴中，常郁郁无所交。出门至于淮上，临河不度，彷徨者久之，因与其地之贤人长者相结，而王君起田最与余善，自此一二年或三四年一过也。"此番久别重晤，炎武已然55岁，王略因之劝其结束游历生涯，表示："子行游天下二十年，年渐衰，可已矣！幸过我卜筑，一切居处器用，能为君办之。"顾炎武一时难作决断，依然按计划告辞。临行，王略持酒浆远道相送，殊不知竟成二人间的诀别。

在离开淮安前夕，炎武致书友人归庄，告以近况。此札为《亭林文集》及诸家辑文所未载，墨迹藏吴县顾氏鹤庐。1965年，已故柴德赓先生将其整理刊布。告别淮安诸友后，顾炎武取道山东、河北，再入北京。在京中，炎武与友人李因笃聚首，由孙承泽处借得《春秋纂例》《春秋权衡》《汉上易传》等书，并承陈上年资助而录出副本。是年冬，遂得与因笃共研经学于京中慈仁寺。

8. 仗义行侠，再陷囹圄

顾炎武一生曾两受囹圄之苦，第一次为顺治十二年（1655）的苏松入狱，第二次则是康熙七八年间的济南文祸。其中尤以济南入狱历时最久，牵连最众，且打击亦最深。

从康熙六年至七年（1667-1668），顾炎武一直被文字狱案纠缠着。其遭遇正如清代学者沈岱瞻所说："先生（指顾炎武）初脱吴中陈济生《启祯两朝诗选》之狱，复遭山左黄培诗之诬。"

所谓吴中陈济生《启祯两朝诗选》之狱，发生在康熙六年（1667）。陈济生是顾炎武的姐夫，二人同为吴江惊隐诗社的社友，亦与归庄为好友，交往非常密切。清顺治十年（1653）四月，陈济生开始选编天启、崇祯两朝遗诗，顾炎武和归庄从一开始就是积极参与者。顺治十二年（1655）顾炎武到山东后，仍在协助陈济生编撰此书，至顺治十六年（1659）而成。该书全称《天启崇祯两朝遗诗》，又称《忠节录》，简称《启祯集》。该书行世后，江南的一些无廉耻的读书人见该书有触时忌，就不断向为该书作序的人敲诈钱财，否则就要向清廷告发。康熙六年（1667）二月，江南地痞沈天甫、吕中、夏麟奇向吴鹿友父子敲诈两千两银子未果，便向清廷告发，说《启祯集》一书表彰明朝的忠臣节士、讥刺清朝。刑部奉旨，要对"书中有名之人共七百名，内有写序写诗讥伤本朝之人五十余名合行查究"，一时大有黑云压城城欲摧之势。由于此案不仅涉及江南，而且涉及全国，真的兴起大狱来就将大大激化民族矛盾，将危及清朝统治的稳定。精明的康熙皇帝顾及这一点，所以案件的处理就由可能出现的悲剧结局迅速向着喜剧式的结局转化。在清廷的官方文献中，陈济生与归庄、顾炎武等反清复明人士编撰的《启祯集》被说成是向清廷告密者的伪造。就这样，一场可能到来的浩劫却被消弭于无形之中，顾炎武因此而未被殃及，可谓有惊无险。但山左黄培诗狱，即所谓"十四人逆诗案"又把《启祯集》案牵扯出来了。

康熙七年（1668）春，顾炎武寓居京中慈仁寺中。二月十五日，忽闻山东凶讯，据称有人指控炎武曾在莱州辑刻"逆书"《忠节录》。炎武深知，此案情重大，不仅事关自己生死，更将牵连无数。为澄清真相，炎武于翌日启程，南下投案。至德州，又闻知山东地方当局已行文昆山，指名缉捕。案情如此重大，炎武遂暂留二日，将行囊中有关书札悉行焚毁，然后赶赴济南。

莱州文祸，发难者为姜元衡。据王遽常、王冀民二位先生考证，元衡本姓黄，为莱州即墨县原明兵部尚书黄嘉善家仆黄宽之孙、黄瓒之子。顺治六年（1649）进士，以庶吉士官翰林院编修。康熙初，养亲回籍。时值元衡旧主黄培，因所作诗文多触时忌，遭其内从弟兰溥举报。元衡重理旧日主仆恩怨，落井下石，将黄培堂弟、现任浦江知县黄坦和黄培侄、现任凤阳府推官黄贞麟一并告发牵连黄氏一门十四人。康熙五年（1666）六月，奉旨发山东督抚审理。历时两年，株连二三十人。是为莱州黄培诗案。

黄培诗案，本与顾炎武无涉，而将他牵入此案，首告亦是姜元衡。康熙七年（1668）正月，姜元衡见前举诗文罪名未能将黄培一家告倒，于是精心策划，铤而走险，不惜翻钦定旧案，再上《南北通逆启》，蓄意扩大案情。

姜元衡既于《南北通逆启》中指控《启祯集》为"逆书"，同年正月三十日山东巡抚庭审，姜元衡又受山东土豪谢长吉的唆使，说《启祯集》是顾炎武在黄培家里搜辑刻发的。谢长吉曾向顾炎武借银千两，不想偿还，就答应把章丘大桑家庄的田产作抵押给顾炎武，而只要借官府之手杀了顾炎武，谢长吉就可以收回这些土地。他说：据称"有《忠节录》即《启祯集》一书，（原注：元衡口供：《启祯集》二本，皮面上有旧墨笔写《忠节录》字样。）陈济生所作，系昆山顾宁人到黄家搜辑发刻者。"姜氏还就此举出二证，一是"此书中有《黄御史传》（原注：宗昌，即坦之父。）一篇，有云：'家居二年，握发以终。'"二是"有《顾推官（咸正）传》一篇，有云：'晚与宁人游。'有云：'有宁人所为状在。'"自姜元衡指控及口供出，黄培诗案扩大，殃及顾炎武，于是遂有"咨行原籍逮证"之举。是年三月二日，顾炎武抵达济南。四日，亲赴山东巡抚衙门投案。十五日前后，遂拘押济南府监狱。

《忠节录》案。顾炎武与姜元衡素不相识，此次济南入狱，实因姜氏指控《忠节录》即《启祯集》为"逆书"，因之被牵连。

至于《忠节录》与《启祯集》的关系，姜元衡所言不诬，二书实为一书。所不同者，《启祯集》有诗有传，而《忠节录》则仅系《启祯集》中之小传合编。这有顾炎武的《与人书》为证，该书说："前沈天甫所指造陈济生逆书，有序有目，有诗有传，原状称共三百一十六叶。今元衡所首之书，无序无目无诗，止传一百余叶，知部中原书已毁，删去天甫状中已经摘出者，称另是一书。据元衡《南北通逆情由》一揭，欲借此书另起一大狱，而罗书内有名之三百余人于其中，以翻主仆名分之案。不知就此百余叶中，篇篇有济生名，则即此一书之明证也。"姜、顾二人于此书，结论相同，而动机迥异。姜氏之意，在于指控《忠节录》为顾炎武在即墨黄氏家中辑刻，而炎武之意，则力辩二书为一，与己无干。是为《忠节录》案。

按理，姜元衡就《忠节录》所提出的指控，实非杜撰诬告，足以置黄氏一门及顾炎武于死地。譬如，所云《黄宗昌传》"握发以终"云云，即见于《启祯集》卷六中。而姜氏所控《顾推官咸正传》，"晚与宁人游"、"有宁人所为状在"云云，考诸史实，皆非虚词。虽然《顾氏行状》并不载今本《亭林文集》中，但是顾咸正二子死难，顾炎武为二人撰有《行状》一篇，则有《归庄集》可证。据归庄撰《两顾君大鸿仲熊传》云："丁亥夏五月，吾友顾大鸿、仲熊匿兵科都给事中陈公于家，事觉皆死。友人顾宁人为之状。宁人与交未久，故不详其平生。余与两君相知最深，则宜称述以传者，余之责也。……延安府推官，以家居潜谋兴复，事泄被收而死者，曰咸正，其父也。而叔父咸建，以钱塘知县，守节不屈，为贝勒所杀。"至于顾咸正"宁人游"，亦有顾炎武所写诸诗篇为证。

凡此所引，足见顾炎武之与顾咸正关系的确非同寻常。姜元衡之所指控，当属可信。事实上，三十余年过去，至康熙十九年（1680），顾炎武卜居陕西华阴，时年68岁，他依然在怀念早年做过延安府推官的顾咸正。炎武此时所写《华下有怀顾推官》一诗。

然而，姜元衡虽有诸多证据以指控顾炎武，但他却忘记了一个重大的关节，即《启祯集》曾于康熙六年以"逆书"遭人举报，后经钦定判为诬告，首告诸人皆被处死。据《清圣祖实录》康熙六年四月甲子条记："江南奸民沈天甫、吕中、夏麟奇等，撰逆诗二卷，诡称黄尊素等百七十人作，陈济生编集，故明大学士吴甡等六人为之序。沈天甫使夏麟奇诣吴甡之子中书吴元莱所，诈索财物，吴元莱察其书非父手迹，控于巡城御史以闻。上以奸民诳称谋叛，诬陷平人，大干法纪，下所司严鞫。沈天甫等皆弃市，其被诬者悉置不问。"至于有关详情，还见于归庄所撰《随笔二十四则》。

既然《启祯集》一案业已钦定为诬告，朝野尽知，如果此番节自前书的《忠节录》一案能够成立，那么上年的钦定大案势必就要推翻。其牵涉面之大，后果之严重，不言而喻。在当时的历史条件下，为了姜元衡的以仆告主一案，竟然置身家性命于不顾，敢于推翻钦定旧案的人，内外臣工，实无其选。因此，《忠节录》案发难之初，这一致命的弱点即早已决定姜元衡败诉乃势所必然。惟其如此，顾炎武入狱前后，经与朝野诸多友人商定，即在"翻案"二字上大做文章。

三月四日，顾炎武前往济南官府投案，所呈辩诘文书，即就此有大段反驳。

炎武既将"翻案"二字点出，旋即又反被告为原告，向姜元衡大兴问罪之师。他说："是元衡之意，不但陷黄坦，陷顾宁人，而并欲陷此刻本有名之三百余人也。不知元衡与已斩之沈天甫，逃走之施明，何亲何故？何以得此海内带来之书？而前唱后和，如出一口。其与不识面之顾宁人，刻本有名之三百余人，何仇何隙？而必欲与黄氏之十二君者一网而尽杀之。推其本意，自知以奴告主之罪，律所不赦，欲别起一大狱以陷人，而为自脱之计，遂蹈于明旨所谓'吓诈平人，摇动良民，诬称谋叛，以行挟害'者而不觉也。"

同时，顾炎武又致书朝中友人谭吉璁等恳请"主持公论"。

《忠节录》一案，顾炎武虽有胜诉的可能，但毕竟姜元衡并非寻常百姓，而是朝廷命官，其身后还有一方土豪谢长吉等。何况姜氏的指控言之凿凿，山东地方当局要令其承认诬告既不可能，即使劝其撤诉亦殊非易事。而案情牵连的黄坦，为保全一己身家性命，又不惜多方下石，百般作梗。因而顾炎武久困囹圄，竟达半年之久。其间，窘迫苦楚，远逾早先的苏松之狱，以致"仆夫逃散，马骡变卖，而日用两餐无所取给"，只好"每日以数文烧饼度活"。

《忠节录》一案的审拟，顾炎武固守钦定旧案而据理力争，山东地方当局心存顾忌而暗中回护，此当为炎武最终平安出狱的重要原因。同时，徐乾学、元文兄弟以及南北诸多挚友的搭救，或亦更属有力。

一如前述，抵达济南之初，炎武即致书朝中友人谭吉璁等，恳请"主持公论"。因而谭氏及诸多内外官员如孙承泽、陈上年等，皆多所致力。而其间影响最大者，则是山东巡抚刘芳躅。刘氏与孙、陈籍属同乡，炎武西游秦晋结识的友人朱彝尊，此时又恰在其幕中为宾。加以居丧昆山的徐元文及时赶赴济南，当面拜托，于是姜元衡、黄坦纵然不甘就范，亦是无可奈何。

至于从中搭救的诸多友人，除朱彝尊之外，诸如王弘撰、路泽浓、程先贞、李源兄弟、颜修来叔侄等，皆多所用力。其中，最为尽心竭力者，当推李因笃。顾炎武初抵济南，即致书因笃于关中，又托晋中友人转知，"促之入京，持辇上一二函至历下"。因笃接书，急奔京城，求得朝中大吏书札，遂冒暑赶赴济南。正如顾炎武事后致刘芳躅的信中所称："富平李天生因笃者，三千里赴友人之急，疾呼辇上，协计囊馈，驰至济南，不见官长一人而去。此则季心、剧孟之所长，而乃出于康成、子慎之辈，又可使薄夫敦而懦夫立者也。"

由于为友人焦虑，冒暑急驰，李因笃抵济南未久即患病。李、顾二人在狱中依依惜别，炎武赋长诗三十韵送行，题为《子德李子闻余在难中特走燕中告急诸友人复驰至济南省视于其行也作诗赠之》。翌年，顾、李二人再晤都门，因笃遂广五十韵奉诗答炎武，题为《旧年宁人先生以无妄系济南走书报余触暑驰视苦疾作辞还先生寄赠行三十韵诗春日晤保州重会蓟门奉答前诗广五十韵》。

五月十九日，《忠节录》一案在济南庭审。审拟结果，姜元衡当初的指控，一一皆遭否定。姜氏见败诉已成定局，遂自寻台阶退让，"求不深究"。为此，顾炎武有二书分致友人。尔后，虽因黄坦作梗，案情反复，但终因原告"求不深究"，不过，负责审理此案的山东巡抚刘芳躅对于案件的真相确是心知肚明的，多方面的顾忌使他既不便把案件继续查下去，也不敢匆忙结案。一直延至九月，顾炎武方被保释出狱。《启祯集》案最后被归结到"十四人逆诗案"。康熙八年（1669）四月一日，黄培等人在济南被杀害。

顾炎武出狱后第二年，亡友潘柽章的弟弟潘耒从江南来投奔他，成为其弟子。他虽然身在北方，但始终与南方的明朝遗民和抗清志士保持着联系，南方的仁人志士们也深切地怀念着他。康熙十年（1671）暮春三月，61岁的方以智作《寄亭林居士山水册》，自题曰："辛亥暮春，病中强起，草草成此四帧，寄呈亭林士。弘智。"不久，方以智被当局迫害致死。消息传到北方，顾炎武十分悲痛，顾炎武青年时代的朋友、复社的豪杰之士，这些民族的精华、社会的精英，几乎无不惨死在清朝统治者的残酷迫害。每念及此，顾炎武的心中就充满了无比的悲愤。

济南出狱，顾炎武得释重负，痛定思痛，遂成《赴东》诗六首，以记一案始末。诗成，炎武即寄挚友归庄，并附告平安书一封。归庄接书札并《赴东》诗，得悉炎武安然出狱，于是欣然步韵奉答。

据归庄《与顾宁人》中语，则玄恭和诗之第五首，当以"江南乐土"而敦促挚友返乡。

对于挚友的敦促返乡，顾炎武确曾流露过南归之想。关于这方面的考虑，一见于康熙七年九月保释出狱后，炎武给其外甥徐乾学的信；一见于翌年夏《忠节录》案及章丘田产纠纷结案后，炎武给江南友人的信。

然而，济南案结，顾炎武已年届 57 岁。此后十余年间，他并未返乡安度晚景，依然常年往来于直、鲁、秦、晋间，志在九州，著述经世，一直到他生命的最后一息。

9. 以游为隐，关山共老

在中国古代，自唐初官修《晋书》始，尔后历代相沿，新王朝为前朝修史，几成定规。明亡，顺治二年（1645）五月，清廷以冯铨、洪承畴、李建泰、范文程、刚林、祁充格为总裁，开馆纂修《明史》。其后，因资料短缺，人员不齐，馆臣无从着手，史馆形同虚设。

康熙十年（1671）夏，儒臣熊赐履以翰林院掌院学士而有推动《明史》纂修之想。恰好此时顾炎武游京，寄居其外甥徐乾学宅。乾学为熊氏门生，于是赐履遂置酒邀炎武舅甥。席间，熊氏议及修《明史》事，拟邀请顾炎武助其修史。熊赐履显然对顾炎武的人格和经历不甚了然，他忘记了一个最基本的事实，即自己是清朝新贵，而炎武则是明朝遗民。何况康熙二年（1663）《明史》案的沉重打击，也是熊氏所无法理解的。因此顾炎武断然拒绝了修史邀请，甚至不惜以死相辞。

康熙十二年（1673），顾炎武连遭失去亲友之痛。先是十月，经德州，友人程先贞病逝。继之至章丘，又闻从叔父兰服和挚友归庄相继谢世的噩耗。

程先贞系炎武北游后结识的患难之交，南来北往，德州程宅皆是炎武下榻之地。最令他痛心者，先贞去世，竟不得握手诀别。悲痛愧疚交织，炎武写下《自章丘回至德州则程工部逝已三日矣》一诗。诗中写道："高秋立马鲍山旁，旅雁初飞木叶黄。十载故人泉下别，交情多愧郏君章。"

顾兰服是炎武的从叔父，少炎武2岁，自幼相伴情同手足。五年前，炎武济南入狱，彼此尚有书札往复，倏尔之间，兰服已成古人。炎武挥泪为之撰行状一篇，以资纪念。炎武所撰此文，既记其叔父生平，又及死友归庄行事，且述一己经历。一文而写状三人，人生聚散，家道盛衰，国运存亡，60年间事皆在字里行间，几可作炎武自传来读。

对于挚友归庄的去世，炎武则以歌当哭，撰为《哭归高士》诗四首。第四首最值得品味。云："郦生虽酒狂，亦能下齐军。发愤吐忠义，下笔驱风云。平生慕鲁连，一矢解世纷。碧鸡竟长鸣，悲哉君不闻。"第四首末，原抄本有自注云："君二十五年前作诗，以鲁连一矢寓意。君没十旬，而文罿举庚。"归庄去世，时在是年仲秋。噩耗传至山东，已是岁末。炎武在章丘遥祭死友之后，旋即北上京城。入京，闻吴三桂云南起兵反清消息，于是遂有诗末之"碧鸡竟长鸣，悲哉君不闻"语。至于自注之"文覃举庚"，诚如诸家顾诗注所见，系以韵目代字，即谓"云南起兵"。

康熙十二年（1673），清平西王吴三桂封建割据势力恶性膨胀，为抗拒清廷撤藩令，于当年十一月二十一日，杀云南巡抚朱国治，起兵反清。一个月后，吴军横扫贵州，直驱湖南。康熙十三年（1674）春，湖南全境皆落入吴三桂手。闻吴三桂叛，福建耿精忠、广东尚之信相继起兵反清，史称"三藩之乱"。

三藩乱起，清廷上下一片震恐，调兵遣将，朝野不宁。加以又有杨起隆诈称朱三太子，在京中聚众谋叛，于是更加剧了京城的混乱局面。康熙十三年（1674）正月，顾炎武离开乱局，取道广昌（今河北涞源），赴山西汾阳。面对动乱时局，他写下《广昌道中》诗二首。

诗中"世乏刘荆州，托身焉所保"云云。既思念远在三楚乱境中的友人李因笃，又以吴三桂断非可以依靠之人的判断，勉友且自勉。前者的拒熊赐履邀修《明史》，此番的超然吴三桂乱局之外，表明了顾炎武北不与清廷合作，南不与吴三桂为伍的志向。于是返归山东章丘，经营所置田产，遂成一最好归宿。

康熙十四年（1675）四月，河北大儒孙奇逢在河南辉县病逝，享年92岁。十月，葬夏峰东原。此时炎武正在山西祁县，不得赶来参加葬礼，于是以一诗遥寄哀思。

置身乱局，顾炎武超然物外，著述不辍。一如济南囹圄之结撰《日知录》，自康熙九年（1670）该书初刻八卷本刊行之后，顾炎武经频年增改，至康熙十五年（1676），已得手稿二十余卷。然而炎武是一位严谨笃实的学者，他鄙弃"速于成书，躁于求名"

的浮躁学风，并未再将书稿刊行，而只是为初刻本补撰了一篇《自序》。

在《日知录》的结撰过程中，最令顾炎武欣慰的是，他在其间提出的诸多学术主张，及其社会理想与同时大儒陆世仪、黄宗羲不谋而合。

早在康熙七八年间，经历济南之狱的打击，顾炎武对山东民风已颇多失望，叹为"不暓蛮髦"，因之而有卜居西北之想。至康熙十六年（1677），炎武时已 56 岁。由于晚年无子，经诸多亲友帮助，遂在江苏吴江觅得族子衍生为嗣。这年四月，衍生随师李云沾北抵山东，在德州与炎武正父子之礼。其后，炎武父子与李云沾结伴而行，取道河北，西去秦晋。迄于逝世，炎武足迹皆在西北高原。

入清以后，在连年的科举考试之中，虽然一时知识界中人纷纷入彀，但是若干学有专长的文化人，或心存正闰，不愿合作；或疑虑难消，徘徊观望，终不能为清廷所用。既出于"振兴文教"的需要，又为争取知识界的广泛合作以巩固统治，在平定三藩之乱胜利在即的情况下，清圣祖不失时机地作出明智抉择，对知识界大开仕进之门。康熙十七年（1678）一月，他颁谕吏部："自古一代之兴，必有博学鸿儒，振起文运，阐发经史，润色辞章，以备顾问著作之选。朕万几余暇，游心文翰，思得博学之士，用资典学。我朝定鼎以来，崇儒重道，培养人才。四海之广，岂无奇才硕彦，学问渊通，文藻瑰丽，可以追踪前哲者？"在发出这一通议论之后，圣祖接着责成内外官员："凡有学行兼优，文辞卓越之人，不论已仕未仕，令在京三品以上及科道官员，在外督抚布按，各举所知，朕将亲试录用。其余内外各官，果有真知灼见，在内开送吏部，在外开报督抚，代为题荐。务令虚公延访，期得真才，以副朕求贤右文之意。"

命令既下，列名荐牍者或为"旷世盛典"歆动而出，或为地方大吏驱迫就道，历时一年，陆续云集京城。康熙十八年（1679）三月初一，清廷以《璿玑玉衡赋》和《省耕诗五言排律二十韵》为题，集应荐143人于体仁阁考试。榜发，录取一等20人，二等30人。分授翰林院侍读、侍讲、编修、检讨，俱入《明史》馆供职。是为博学鸿儒特科。

在此次特科荐举之中，顾炎武一度是内外大员瞩目的重要人物。诏下之初，内阁大学士叶方蔼、翰林院侍讲韩菼皆欲推荐炎武，后幸得徐乾学、元文兄弟劝阻，始得未入荐牍。为了表示与清廷的不合作态度，顾炎武从此绝迹不入都门。

顾炎武虽然幸得逃脱特科笼络，但是他的许多挚友，诸如李因笃、王弘撰、傅山以及弟子潘耒，皆在荐牍之中。友人李颙则至死不从，始得谢病放归。关于这方面的情况，顾炎武在致友人书中颇有涉及。

特科既举，史馆重开，康熙十八年（1679），京中又传来史局中欲聘炎武佐修《明史》的消息。炎武闻讯，当即致书叶方蔼，誓死不从。他说："去冬韩元少书来，言曾欲与执事荐及鄙人，已而中止。顷闻史局中复有物色及之者。无论昏耄之资，不能黾勉从事，而执事同里人也，一生怀抱，敢不直陈之左右。先妣未嫁过门，养姑抱嗣，为吴中第一奇节，蒙朝廷旌表。国亡绝粒，以女子而蹈首阳之烈。临终遗命，有'无仕异代'之言，载于志状。故人人可出，而炎武必不可出矣。记曰：'将贻父母令名，必果；将贻父母羞辱，必不果。'七十老翁何所求？正欠一死，若必相逼，则以身殉之矣！"

《明史》馆当事者见炎武不出意坚，遂嘱潘耒向炎武索取所著史书。炎武接潘耒信，有诗文相答。

顾炎武虽拒不入史局，但毕竟事关有明一代兴亡，故而他依然每有中肯意见答复史馆中人，其意见大要有三。一是对明历朝实录应有一理智态度。二是万历以还，是非混淆，尤当博征史料。三是当以邸报为准，异同并存，以待后世公论。

卜居华阴。康熙十八年（1679）正月，顾炎武西入华阴，寄住友人王弘撰新筑"读易庐"中，卜居西北凤愿，终于成真。对于晚年卜居华阴的选择，炎武后有专书致乡里诸侄加以说明。他所陈述的原因主要是两点，第一："秦人慕经学，重处士，持清议，实与他省不同。"第二："华阴绾毂关河之口，虽足不出户，而能见天下之人，闻天下之事。一旦有警，入山守险，不过十里之遥。若志在四方，则一出关门，亦有建瓴之便。"纵观顾炎武之所述，一为人文，一为地理。前者系据其毕生经历，尤其是北游二十余年所见而得。后者则时在三藩乱中，文韬武略皆经世所需，故而始有此论。

然而毕竟离乡二十余年，且已届垂暮之岁，顾炎武难免产生返乡一视之感。于是他又致书徐氏兄弟，盼对返乡探望亲友一事做出安排。

令人十分惋惜的是，顾炎武返乡"一瞻丘城"之想，由于健康状况逐渐恶化，迄于逝世终未得以实现，留下无尽的思念。康熙十九年（1680）十一月，炎武发妻王氏在昆山故里病逝。噩耗传来，炎武在汾州遥为祭奠，满怀悲恸写下《悼亡》诗五首。全诗如泣如诉，情真谊挚，最可窥见炎武晚年一腔思亲怀土深情。

顾炎武是一位以天下为己任的杰出学者，他早年奔走国事，中年图谋匡复，晚年则志在天下，著述经世，鞠躬尽瘁，死而后已。

顾炎武一生的最后岁月，过得格外充实。卜居华阴之后，他主要做了如下三件大事。

一是一如既往地献身著述事业。顾炎武一生的重要代表著述《音学五书》，自康熙六年（1667）开刻淮上，在著名文字学家张弨的鼎力相助之下，经不断修订，臻于完善，于康熙十九年（1680）刊刻。同时，炎武另一部精心结撰的力作《日知录》，则自康熙九年（1670）初刻八卷之后，亦不间寒暑，朝夕其间到康熙二十年（1681）冬，已成书稿三十余卷。

二是营建朱子祠堂和考亭书院，表彰朱子，兴复礼学。康熙二十年（1681）冬，朱子祠堂初成，顾炎武抱病撰《华阴县朱子祠堂上梁文》一篇。

顾炎武之表彰朱子，其目的并不在于倡导一方学者步宋明理学家后尘，沉溺理气心性的探讨。他的意图在于，号召人们究心朱子所曾致力的经学，躬行践履，兴复礼学。为此，康熙十八年（1678），炎武致书朝中友人施闰章，信中指出："理学之传，自是君家弓冶。然愚独以为，理学之名，自宋人始有之。古之所谓理学，经学也，非数十年不能通也。故曰：'君子之于《春秋》，没身而已矣。'今之所谓理学，禅学也，不取之五经而但资之语录，校诸帖括之文而尤易也。又曰：'《论语》，圣之人语录也。'舍圣人之语录，而从事于后儒，此之谓不知本矣。"

三是关注民生疾苦，竭力为民纾困。康熙十八年（1678）九月，炎武外甥徐元文奉命主持《明史》纂修。元文到任，致书请教。炎武在复信中，则既答修史，又谈一方隐忧。

康熙二十年（1680）八月，顾炎武游山西曲沃。此时他的健康状况已经大不如前，"衰疾渐侵，行须扶杖"。抵曲沃三日，即告恶化，几乎不起。所幸服药之后，转危为安。十月中，病势稍减，炎武即就一方民生疾苦致书京中大吏。

康熙二十年（1680）冬，炎武致书富平友人李因笃，告大病得起。因笃接书，本拟赶赴曲沃探问，因大雪路阻，遂遣专人送去七律五首问候。旧岁初除，新年伊始，得读挚友华章，炎武欣然酬答。诗中写道："戴雪来青鸟，开云见素书。故人心不忘，旅叟计何如？上国尝环辙，浮家未卜居。康成嗟耄矣，尼父念归与。忽枉佳篇赠，能令积思抒。柴门晴旭下，松径谷风舒。记昔方倾盖，相逢便执法。自言安款段，何意辱干旟。适楚怀陈轸，游燕吊望诸。讵惊新宠大，肯与旧交疏！不砺诚师孔，知非已类蘧。老当为圃日，业是下帷初。达夜抽经笥，行春奉板舆。诛茅成土室，辟地得新畲。水跃穿冰鲤，山荣向日蔬。已衰耽学问，将隐悔名誉。客舍轻弹铗，王门薄曳裾。一身长瓠落，四海竟沦胥。契阔头双白，蹉跎岁又除。空山清浍曲，乔木绛郊余。不出风威灭，无营日景徐。但看《尧典》续，莫畏禹阴虚。地阔分津版，天长接草庐。一从听《七发》，欲起命中车。"

顾炎武万万没有想到，此诗竟是他的绝笔。康熙二十一年（1682）正月初四，承曲沃友人韩宣厚谊，设家宴邀官绅为炎武病愈道喜。初八日晨，炎武兴致勃勃，出门答谢一方官绅的款待。不料上马时失足坠地，旧病陡然复发，遂卧病不起。翌日凌晨，这位终身为民族复兴奋斗不息之伟大爱国志士溘然长逝，享年70岁。同年三月，顾炎武的五弟顾纾从江南来到山西曲沃，与顾炎武的嗣子顾衍生一起，扶灵柩南归，葬于昆山顾氏家族的"祖茔之次"。至此，北游25年的顾炎武总算回到了江南故里。可是，谁又想到，顾炎武的坟墓竟在"史无前例"的1966年被掘毁，遗骸被散落抛弃于荒野呢？400年前的志士仁人尚不免罹此厄运，民族之难又安忍言哉！魂兮归来，哀江南！

三、顾炎武的思想

1. 哲学思想

顾炎武的哲学思想，具有三大问题意识：一是从本体论上解决读书人"置四海之困穷于不言，而终日讲危微精一之说"；二是从认识论上解决"专用心向内"、只重"德、性之知"而排斥"见闻之知"、以至"士无实学"；三是从历史观上解决如何认识社会发展的辩证规律，为"通变宜民"的社会改革提供哲学依据，并坚定民族复兴之信念。顾炎武以《易》为宗、以史为归的哲学思想，正是围绕着以上三大问题意识而展开的。

宋明理学、尤其是程朱理学，有两大理论支柱：一是被神化为"孔门传授心法"的"虞廷十六字诀"，即"尧舜相传所谓危微精一之言"；二是道教的《太极图》。

所谓尧舜相传的"危微精一之言"，又称"虞廷十六字诀"或"孔门传授心法"，即"人心惟危，道心惟微，惟精惟一，允执厥中"16个字。这是二程、朱熹仿照佛教师徒之间"心印之法"的神秘授受，用以自我神化并借以论证理学的根本宗旨而祭起的一个理论法宝，所谓"人心道心之辨"、"天理人欲之辨"等等，就是从"危微精一之言"中引申出来的。有人曾论述过"危微精一之言"对于理学的生命攸关的意义。"从来讲学者，未有不溯源于'危微精一'之旨。若无《大禹谟》（危微精一之言的出处），则理学绝矣。"可见，"危微精一之言"是程朱理学的命根子和理论支柱。推倒了这一支柱，程朱理学的体系就会"忽刺刺似大厦倾"。顾炎武正是看准了这一点，因而针锋相对地提出了"举尧舜相传之所谓危微精一之言一切不道"的主张。他说，程朱之学与孔子之学的根本区别就在于：孔子不讲"危微精一之言"，却关心国计民生，而程朱理学则是"置四海困穷不言，而终日讲危微精一之说"；朱熹《中庸章句》引程子之言曰："此篇乃孔门传授心法。亦是借用释氏之言。"这些论述，正是其致力于消解宋儒的先验本体论的一个关键步骤。

道教的《太极图》是程朱理学的又一重要理论来源。朱熹就是借道教的《太极图》来发挥其"无极而太极，是无极中有个至极之理"的天理本体论的。要消解程朱理学的先验本体论，就不能不"打破宋儒家中《太极图》"。因此，顾炎武对朱熹的观点给予了极为严厉的批评。他在《日知录》卷一《孔子论〈易〉》一条中说："圣人之所以学《易》者，不过庸言庸行之间，而不在乎图书象数也。今之穿凿图象以自为能者，畔（叛）也。"

顾炎武通过提倡经学来作为其倡导经世致用之实学的号召。他提出了"理学，经学也"的著名命题。他认为经学才是真正的理学，而宋以后的所谓理学则是禅学。因此，学者要以研究古经为根柢，而不必到宋明理学家的语录中去讨生活。对于《周易》在中国学术史上的地位，顾炎武予以极高的推崇，有"尽天下之书皆可以注《易》，而尽天下之书不能以尽《易》"之说。在顾炎武看来，《易》学是统摄一切的学问，是一切学问的核心和灵魂。他所赋予《易》学的这一地位，实际上已相当于我们今日对于"哲学"这门学科的属性的理解。

为了建立起自己的哲学本体论学说，顾炎武从学术源头上考察了"体"、"用"范畴的产生及其内涵并就此问题与李二曲往复论辩，以求确解。他认为"体"、"用"二字出自《易》，《易》所讲的"阴阳合德而刚柔有体"与"显诸仁，藏诸用"才是体用范畴的真正起源。更值得注意的是，他通过对古代经传中的"体"、"用"二字的语言学分析概括出"天地之体用"与"人事之体用"，认为天地之体用在于"阴阳合德"，人事之体用在于"上下和同"颇得中国古代哲学之精义。

针对一些宋明理学家割裂体用、空谈心性的弊端，顾炎武从先秦儒家学说的原典解读入手，来作一番正本清源的工作。他通过广征博引孔子的论说，并加以辨析精微、神交古人的诠释，来澄清后儒对于"夫子之言性与天道不可得而闻"的误解。他认为不是孔子不讲性与天道，而是说性与天道即在文行忠信之中，脱离了文行忠信就无所谓性与天道。他反对在自然和人事之外虚悬"性与天道"，就天道而言，孔子认为天道就在四时行、百物生之中，离开了四时行、百物生，就无所谓天道。至于讲到人事，性与天道也就在具体的社会人事现象之中，在士人的出处进退之中，不能也不应脱离生活与实践去空谈性与天道。顾炎武的这一观点，不仅是向着先秦儒学的复归，而且与左派王学家讲的"百姓日用即道"相一致，二者都反对脱离现实去讲先验的天道性命之理，主张从活生生的人类社会生活中去探寻人性的真谛和社会运作的规律。

顾炎武的本体论思想，是对张载的元气本体论的继承和发挥。他以物质性的"气"为世界之本原，以气的聚散来解释万物的生灭成毁，并以此说明一切具体事物存在的有限性和相对性；以气的感应来说明事物之间的相互联系，并以此来揭示事物之间同类相感的必然性；以气的盛衰和聚散来说明精神现象的存在和消亡，并以此批判"灵魂不灭"的观念；由此而发挥出一整套"唯物"、"唯变"的哲学见解。

顾炎武从实体与样态互相依存的观点确认"气"为万物之始基，以万物的生灭成毁来论说本体存在的样态，提出以"气"为本原的"气之聚散论"。他首先明确指出："盈天地之间者，气也。"气既是万物的本原，所以一切事物皆由物质性的气所化生。在顾炎武看来，气之为本体，并不是一种虚无飘渺的存在，它总是通过具体事物的生灭成毁来显现自身。所谓"唯物也，故散必于其所聚"，是说任何运动变化都是具体事物的运动变化，世界上既没有脱离物质的变化和运动，也没有不发生任何运动和变化的物质；所谓"唯变也，故聚不必于其所散"，是说运动变化贯穿于事物存在的全过程，并不只是从气聚的状态到气散的状态才是变，气聚气散都是变。气的存在样态不仅仅是有聚有散，而且还表现在具体事物之间的相互联系和相互感应之中。他说："一气之相感，如水之流湿，火之就燥，不期然而然，无不感也，无不应也。"这一论述，对作为本体的气的存在样态作出了既入乎其中而又出乎其外的哲学概括。

顾炎武坚持用物质现象去解释精神现象。他认为，所谓"神"只是"气"的机能和属性；但不是普通状态的"气"的机能和属性，只有"气之盛者"才具有这种机能和属性。天地之中，什么存在物才具有"神"的机能和属性呢？顾炎武说，是人："神者，天地之气而人之心也。"气化生人，人为天地间气之最盛者，所以才有作为人的精神现象的"神"或"人之心"。他说佛教讲灵魂不灭，是不明白精神依赖于物质、人死后构成人体的原质的"气"已经消散的道理，因而其学说的根本弊病就在于"昧于散"；道教幻想人可以长生不死，是不懂得"气"有聚必有散、人根本不可能摆脱自然界发展变化规律的道理，因而其学说的根本弊病就在于"荒于聚"。他以十分简洁的语言将自己的气论与佛教和道教的唯心主义观念划清了界限。

顾炎武对于本体论问题的研究，有其十分明确的实践目的，即"明体适用"。从"唯物"、"唯变"的本体论原则中，他引申出"非器则道无所寓"的道器论，"道"不在心性空谈之中，而在现实存在的自然界和人类社会之中，要认识道，就必须致力于认识自然，认识社会。这就为他进一步从认识论上解决"士无实学"的问题提供了本体论的依据。从"唯物"、"唯变"的本体论中，他意识到人在宇宙中的地位和使命，为自强不息、与时偕行的实践观提供了哲学形上学的依据。也是从这一学说出发，他发挥出"有恒"的思想，为坚守民族气节、奉常以处变的个人道德践履提供了坚定的信念。

"博学于文"的认识论思想。为了解决读书人"专用心向内"以至"士无实学"的问题，顾炎武不仅通过其对"博学于文"的理论论说，而且通过自己的身体力行，开辟了中国哲学知识论的前进方向。他的三大奇书——《日知录》《天下郡国利病书》和《肇域志》，就是致力于开辟中国哲学知识论前进方向的产物。

"用心于内，近世禅学之说耳。"为了扭转空疏学风，顾炎武从总结明朝灭亡的教训入手，来揭露道学玄谈和空疏学风所造成的危害。他说，"五胡乱华"是晋朝人的清谈造成的，而如今的清谈，更胜过以往。晋朝人的清谈是谈老庄，如今的清谈则是谈孔孟。读书人不习六艺之文，不考百王之典，不综当代之务，以明心见性的空言，来代替修己治人的实学，最终导致了神州荡覆、宗社丘墟的悲惨结局。他又说，晋朝的王衍善于玄谈，最后被游牧民族的军事首领石勒所杀，临死前才如梦初醒，说如果不祖尚浮虚，戮力以匡天下，是不会有当日的杀身之祸的。人之将死，其言也善，如今的君子们重温王衍的这一遗言，难道不感到惭愧吗？

针对宋明理学的性理空谈，顾炎武提出了"博学于文，行己有耻"的治学宗旨。他认为"博学于文"应包括两大知识部类：一是自然知识和工艺知识，二是社会历史知识。他强调："士当求实学，凡天文、地理、兵农、水土，及一代典章之故不可不熟究"，又说"孔子未尝不求之象数"，其所谓"下学而上达"，下学是"尽器"，上达是"达道"，达道必须通过"求之象数"即"尽器"的途径。这是顾炎武在认识论上的首要贡献，即不仅重视道德伦理的知识，而且还十分重视对于自然的科学认知，从而极大地扩大了认识的对象和范围，把人们引向对于自然知识和社会知识之探讨的广阔天地。

他批评了以天文、地理、数学等知识门类为"末艺"的观念，以否定长期以来深入读书人心灵的"道本艺末"、"重道轻艺"的传统观念。他说在中国古代的文化经典中，既有讲"七月流火"的天文知识，也有"相其阴阳"的地理知识，有数学的知识，还有射箭和骑马的军事知识等等。这些在古时候几乎人人知道的知识，如今却成了绝学。儒者们说，这些知识不过只是一些技艺而已，不懂也没有什么害处。顾炎武认为这是宋明道学家用来掩饰其空疏的说法。他指出，宋儒以学习六艺为"小学之事"，而以其心性之学为"大学"，而孔子则教人以六艺，并以"游艺"为学之成，这是孔子之学与宋明道学的显著区别。

受西方传来的天文历法知识的影响，顾炎武对天文学表现出很大的热情，把精通天文学看做是"学究天人"的必由之路。他为中国古代天文学的发达感到自豪，也为后世文人学士不懂天文而感到悲哀，并肯定西方传入的天文历法知识的精密。他说三代以上，人人皆知天文"七月流火"是农夫之词，"三星在天"是妇人之语，"月离于毕"是戍卒之作，"龙尾伏晨"是儿童之谣，但后世的文人学士，却很少有知道这些天文知识的了。他又说："学究天人，确乎不拔，吾不如王寅旭。"这位倍受顾炎武推崇的"学究天人"的学者，就是明末清初会通中西的著名天文历算学家王锡阐。王锡阐（1628-1682），是顾炎武在惊隐诗社结识的一位好朋友，不仅"诗文峭劲有奇气"，而且"尤勤历象之学"，是一位"精究推步，兼通中西之学"的天文学家。

在《天下郡国利病书》中，顾炎武详细论列了天文气象、农田水利、采矿、制盐、造船、航海、海战和内陆河流湖泊的水战等各方面的知识。特别令人惊异的是，他已经开始研究"船坚炮利"的问题。《天下郡国利病书》第六册《苏松》畅论战舰、火器及战守之策。在论"火器"的部分，他介绍了西方传来的枪炮的不同种类，包括佛郎机的火炮、以铜铁为管的鸟铳、射程达四五里的百子铳，以及杀伤力极大的六合炮等等，顺便讲到了制造技术；在论"战舰"部分，他介绍了可载士兵百人、"矢石火炮皆俯瞰而发"的福船，与福船协同作战的哨船，"可接济福船之所不及"的苍船等等。由此可见，他对时代发展所提出的重大现实问题的敏感和关注。

"内"与"外"、"心"与"物"——论认识中的主客体关系。在宋明理学家中，无论是二程、朱熹还是陆九渊，都是主张"用心向内"的。二程把学问与道德对立起来，认为博学于文无益于德，不是君子所做的事。朱熹说得更彻底："向内便是义，向外便是利"，"向内便是入圣贤之域，向外便是趋愚不肖之途"。对于宋明理学家"务矫之以归于内"的致思倾向，顾炎武作了严厉的批评。

针对二程以"不求于内而求于外，非圣人之学"的观点，顾炎武批评说，人的知识不是靠"用心于内"而得来的，而是靠学习和实践得来的。孟子讲"学问之道无他，求其放心而已"，二程发挥说"圣贤千言万语，只是欲人将已放之心，约之使反，复入身来，自能寻向上去，下学而上达也"。顾炎武说二程完全错误地理解了《孟子》的意思，孟子是说"能求放心，然后可以学问"，并不是以求放心为学问。他认为儒家学说并不是不讲心性，例如《孟子》中就有很多讲心性的话；但是圣人的学说与"今之君子"的学说的本质区别就在于：圣人的学说是注重道德践履和社会政治实践的学说，而"今之君子"的学说则是空谈心性的学说，这就与佛家的"内典"无异。针对朱熹的"专用心于内"之说和陆九渊之所谓"曾子之学是里面出来"的说法，他批评说，孔门未有专用心于内之说，用心于内，是近世禅学之说。

顾炎武认为，无论是老、庄、禅宗，还是宋明道学，之所以要"禁治"人心，就在于使人"不得有为"；可是，人心是禁治不了的，人天生就有生活的欲望、认识和实践的欲望，客观世界作用于人们的感官和思想，所谓"不动心"乃是自欺欺人的说法，根本就不可能做到；问题的关键在于如何发挥"心"的能动作用，"存此心于当用之地"。他区分了两种"存心"：一种是"摄此心于空寂之境"的所谓存心，另一种是发挥"心"的能动作用去认识事物，"裁物制事"。前者是游手浮食之徒的观念，是懒汉的哲学；更有甚者，当一个人的思想感情完全僵化冰结以后，势必与客观世界格格不入，导致对人世生活的敌视，从而说出种种不近人情的话，做出种种残酷而违反人性的事来，这就是顾炎武所讲的"老子之弊流为申、韩"的道理。这一观点，与王夫之痛斥宋儒为"申韩之儒"的观点完全一致。

"下学"与"上达"、"博"与"约"——论认识的辩证过程。顾炎武在阐明认识中的主客体关系的基础上，进而对认识的辩证过程作了深入的探讨，对认识过程中的"下学"与"上达"、"博"与"约"的辩证关系作了深刻的论说。

他明确认为，只有深刻了解客观事物的本质和规律，才能在实践中取得成功；而对于客观事物的本质和规律的认识，也只有通过实践才能获得。他说，讲东南水利的人，莫不以宋朝人的著作为宗，然而自宋朝以来，河渠的乍分乍合、迭湮迭浚，不知道发生了多少变化。"以书御马者，不尽马之情；以古治今者，不尽今之变。善治水者，固以水为师耳。"他以此说明，客观事物是在不断发展变化的，人们的认识也应随之发展变化，绝不能盲从本本。而要获得对已经发生变化了的客观事物的正确认识，就只有通过实践。只有现实的生活与实践，才是人类的真正老师；也只有生活和实践，才是人类知识的真正来源。

下学而上达的过程，也就是由博返约的过程。顾炎武主张，要善于把对于事物的感性认识和杂多的知性认识，经过"观其会通"的思维工夫，将其上升到理性认识的高度。他说，人不仅要有"多见而识"的感性认识，而且要更进一步，从感性认识上升到理性认识；从"多见而识"到"一以贯之"，是运用归纳的方法，从纷纭杂多的感性认识中总结概括出具有一般性的理性认识的过程，亦即由博返约的过程。

顾炎武还看到，认识的过程还有另外一个方面，即运用演绎的方法，"举本以该末"，由抽象到具体的方面。如孔子的教学法"其教门人也，必先叩其两端，而使之以三隅反"。所谓举一反三，就是运用演绎推理，从抽象上升到具体的认识方法。但他强调，对这一方法的运用不能简单从事，在触类而通的认识过程中，必须考虑到具体事物的特殊性。"天下之变无穷，举而措之天下之民者亦无穷，若但解其文义而已，韦编何待于三绝哉！"他的这一观点，可以说是很合乎认识论的辩证法原理的。

他强调，认识的目的是为了指导实践：对于真正的君子来说，治学的目的不是利己，所以就不能只关注个人的身心，而必须研究现实的社会，指导社会实践。在明清之际的特殊历史条件下，就是要着重总结先进的汉民族为什么会被落后的游牧民族所征服的历史教训，思考如何以"明道淑人之心"，而为"拨乱反正之事"，把民族从亡国的惨祸中拯救出来。因此，就必须把读书人从空谈心性的理学桎梏中解放出来，重新恢复我们民族注重社会实践的优秀传统。

"天下之理无穷……不容以自限"——论认识的多样性和认识的无限发展。顾炎武的认识论，绝没有朱熹那种"一旦豁然贯通，则众物之表里精粗无不至"式的虚妄。他是一位真正求知的人，深知真知难求，个人的认识能力实在有限，所以他总是充满着一种对于在认识中很容易犯错误的"理性幽暗意识"。

他把思想僵化看做是横在追求真理的道路上的最大绊脚石。他说："学者之患，莫甚于执一而不化。"固执于某种教条，就会导致独断论，堵塞认识发展的道路。他认为"独学无友，则孤陋而难成"，主张"问道论文，益征同志"。他十分欣赏《诗经》中的"他山之石，可以攻玉"这句话，主张治学要"不存门户方隅之见"，"不求异而亦不苟同"。他引用孔子"三人行，必有我师"的说法，并深有感触地写道："非好学之深，则不能见己之过；虽欲改不善以迁于善，而其道无从也。"这句话正是顾炎武一生治学的经验总结。

在与朋友的交往中，他受到了很多有益的启迪。他本来是一个有浓厚复古思想的人，在《音学五书序》中，他甚至说："天之未丧斯文，必有圣人复起，举今日之音而还之淳古者。"他的这一复古思想，受到傅山的善意批评。有一天早晨傅山喊他起床，说："汀芒久矣。"顾炎武感到奇怪，问他说的是什么意思，傅山说："子平日好谈古音，今何忽自昧？"顾炎武不禁为之失笑。古人读"天"为"汀"，读"明"为"芒"，"汀芒久矣"就是天亮很久了的意思。傅山寓批评于调侃之中，使顾炎武深受启迪。

顾炎武学问堂庑宽广、博大精深，颇为学界所推崇，但他绝没有天下第一的骄矜，更没有丝毫文人相轻的陋习。他总是看到自己学问的不足，对同时代其他学者的长处予以高度推崇。当时有一位学者叫汪苕文，写了一篇《与人论师道书》，说当世有二人可为经师，一是顾炎武，一是李天生。顾炎武读后，作《广师》

一文，认为汪苕文对自己的推崇是"过情之誉"，并连续使用了十个排比句，列举了"苕文所未知者"十位可师之人，说："学究天人，确乎不拔，吾不如王寅旭；读书为己，探赜洞微，吾不如杨雪臣；独精三礼，卓然经师，吾不如张稷若；萧然物外，自得天机，吾不如傅青主；坚苦力学，无师而成，吾不如李中孚；险阻备尝，与时屈伸，吾不如路安卿；博闻强记，群书之府，吾不如吴任臣；文章尔雅，宅心和厚，吾不如朱锡鬯；好学不倦，笃于朋友，吾不如王山史；精心六书，信而好古，吾不如张力臣。"文章中连续用十个"吾不如"，表明了亭林为学的谦虚品格和宽广胸怀。这十位名家都不是达官贵人，亭林解释道："至于达而在位，其可称述者，亦多有之，然非布衣之所得议也。"非常含蓄地表明了自己对那些出仕者的态度，谦卑的表述中透发着一种清高的骨气。

正因为顾炎武意识到人的认识能力的局限性，所以他认为真理的追求乃是一个无限的过程。在所谓"绝对真理"与"永远追求"二者之间，他毫不犹豫地选择了永远追求："吾见其进也，未见其止也。有一日未死之身，则有一日未闻之道。""盖天下之理无穷，……故昔日之得不足以为矜，后日之成不容以自限。"他认为人类的认识和实践是不断发展的，后人的认识和实践水平必定胜过前人："谓后人之事必不能过前人者，不亦诬乎。"他的这一认识应该说在理论思维上达到了很高的水平。

"通变宜民"的辩证法思想。顾炎武哲学思想的第三大问题意识是，如何认识社会发展的辩证规律，为"通变宜民"的社会改革提供哲学依据，并树立对于民族复兴的坚定信念。为了解决这一关系民族前途和命运的重大理论问题，他精研《易》理，将

"惟物""惟变"的哲学认识，特别是关于事物辩证发展的观念运用于社会历史领域，提出了很多深刻的见解。

"势有相因而天心系焉"——通古今之变的历史辩证法思想。顾炎武的哲学思想，以《易》为宗，因而充满了辩证发展的观念。从事物的共时性存在的方面，他看到了差异和矛盾的普遍性。他认为，一部《周易》，正是对事物的差异和矛盾的认识："物之不齐，物之情也。六十四卦岂得一一齐同。"他认为事物的差异和矛盾是具有普遍必然性的客观存在，因而不可能用一种尺度去要求事物一一齐同，不可能消解事物的差异和对立。

从事物存在的历时性的方面，他看到了自然界的变化日新："天地则已易矣，四时则已变矣，其在天地之中者，莫不更始焉。"事物的静止状态是相对的，而运动发展变化则是绝对的："《易》不可为典要，惟变所适。"他不仅以发展变化的观点去看自然，而且也以发展变化的观点去看社会。他认为无论是自然界和人类社会的发展都是有规律可循的，"造化人事之迹有常而可验，变化云为之动日新而无穷"。

从事物的共时性存在和历时性存在之统一的观点，他揭示了矛盾引导前进的辩证法则。他继承了《周易》的阴阳学说和史伯所提出的"和实生物，同则不继"的辩证法发展观，以及张载关于"一"与"两"之关系的学说，作出了"天地之化，专则不生，两则生"的新的哲学概括。他把"两"——即构成万物之原质的"气"所具有的阴与阳两种属性看做是"天地之化"的源泉，把事物自身所固有的矛盾性看做是事物存在的依据与运动变化的内在动力，并把孔子关于"君子和而不同"的观点上升到"天地之化"的规律性的高度来认识，在社会生活中反对"劓同"，主张兼容差异和对立。这是一种对于事物发展的对立统一规律的朴素认识，然而却是一种颇为深刻的认识。

他把辩证发展的观念用于观察社会历史，发现在人类社会中起决定作用的，并不是宋儒的先验之"理"，而是客观存在的"势"。因此，他不再以宋儒的先验的天理史观来论说历史，而是从人类的生活和实践中去探寻历史的规律，提出了"势有相因"的历史演化观。"势"包括以下几层含义：一是指在事物的发展过程中一定要贯彻下去的趋势或必然性。例如，他用"势"来说明人皆有私、人必有私，以及这种私心如何驱使读书人不择手段地去追求官本位体制中的经济政治特权："人之情孰不为身家者？故日夜求之，或至行关节，触法抵罪而不止者，其势然也。"二是指对于人的行为起决定作用的某种特定的社会历史条件。例如，他以"势"来说明为什么如今的官员远比唐宋时期的官员贪污数额巨大："近代之贪吏，倍甚于唐、宋之时。所以然者，钱重而难运，银轻而易赍；难运，则少取之而以为多，易赍，则多取之而以为少。非唐、宋之吏多廉，今之吏贪也，势使之然也。"三是指矛盾的双方在一定的条件下向着其相反的方面转化的态势。他以乐毅伐齐的故事来说明"天下势而已矣"的道理。据司马迁《史记》记载，乐毅伐齐，激战五年，攻下七十余城，尚未得及攻下最后两城，就被齐人反攻而失败。顾炎武认为，之所以会造成这种状况，并不是由于"齐人之怯于前而勇于后"的缘故，而是因为"势"——战场上的态势发生了很大的变化，战局从有利于燕国方面向着有利于齐国的方面转化了。

顾炎武不仅作出了"天下势而已矣"的哲学概括，而且深化了对于"势"的理论探讨，提出要认识"相因之势"，探询"势"

之所以形成的因果关系和其中的辩证转化的环节。

他认为"势"的形成有一个积渐的过程。传统的观点都认为，废封建、立郡县是从秦始皇开始的。而顾炎武不同意这一看法，他以大量的历史事实证明，早在秦统一以前，郡县制就已经在各诸侯国中普遍存在了，春秋时就已设县，战国时就已设郡，郡县制的形成乃是中国历史长期发展的结果，是势之所必至。至于所谓"罢侯置守之始于秦"的说法，乃是儒生不通古今的见解。这一论述，不仅纠正了长期以来人们习以为常的一大错误观念，而且还天才地领悟到了社会历史领域中的质量互变规律的原理。

他认为"势"的发展取决于其内在矛盾的辩证转化。他看到，同一种"势"中潜伏着内在的矛盾，这种矛盾在旧的社会矛盾解决以后，就会从原先的次要矛盾上升为主要矛盾。他说："六国首事之时，忧在亡秦而已，而不知刘、项之分争者五年。春陵起兵之日，诛莽而已，而不知赤眉、王郎、刘永、张步、隗嚣、公孙述之各据者十二三年。初平起义之时，讨卓而已，而不知催、汜、二袁、吕布之辈相攻二十余年，而卒为三国。晋阳举事之日，患在独夫而已，而不知世充、仁梁、建德之伦十余年而始克平之。是知相因之势，圣人不能回，而已见之形非智士之所患也。深思而逆为之计，岂不在乎识微之君子哉。"他认为这种由相因之势所造成的矛盾转化，是不以人的意志为转移的；人们要善于在矛盾尚且处于萌芽状态时及早发现矛盾，预测其在一定的条件下上升为主要矛盾的可能性，做好处理新的社会矛盾的准备。

顾炎武认为，一切相因之势都是人的活动所造成，因此，历史规律也就寓于人的活动之中，而民心实为制约历史发展的最重要的因素。所以顾炎武说："圣人以人占天"，"势有相因而天心系焉"。他以汉室中兴的历史事实来说明这一观点，认为汉光武帝之所以能实现汉室的中兴，就在于既有新市、平林两支农民武装为之先驱，又有大乱之后人民普遍向往社会安定为其成功的社会心理基础。所谓"天心"，实为民心。

他认为，要认识历史的规律，只有从人的历史活动所造成的相因之势中去认识；而只要人们从相因之势中认识到历史发展的辩证法则，就可以据此以预测未来，并破除对于历史的神秘主义观念。文天祥被元军捕获后作诗说："闰位适在三七间，礼乐终当属真主。"数十年后明太祖起而其言验。他说文天祥的预言之所以应验，并不是因为他有什么神秘的术数，而是因为他深谙历史的规律性。

"夫其顺数已往，正所以逆推将来也"——对社会发展的辩证规律的认识。顾炎武不仅从"势"的发展变化中总结出矛盾的双方无不在一定的条件下向着其相反的方面转化的辩证法则，而且还预测到，在历史的发展中，似乎隐然有一个先肯定、再否定、再否定之否定的规律在起着作用，并将此种带有规律性的认识运用于社会改革方案的设计。

例如，他意识到，从封建制到郡县制是历史发展的大势所趋，但在"郡县之弊已极"的情况下，就将出现一个"寓封建之意于郡县之中"的更高的发展阶段。郡县制否定封建制是第一次否定，但否定郡县制的绝不是封建制，而是在更高的基础上向着其出发点的复归。所谓"寓封建之意于郡县之中"，就是说在未来新的行政体制的设置中，将包含历史上先后出现过的行政体制的合理因素。又如，他还意识到，社会的发展有一个由"质"到"文"、又有一个在更高的基础上向着"质"复归的倾向。他认为，中国社会从黄帝、尧、舜的时代起，开始"变质而之文"，文明的发生取代了原始的质朴；经过几千年的发展，到了明朝万历年间，更呈现出"世变日新，人情弥险"的状况。在这种情况下，怎样才能使民风重返质朴淳厚呢？回答是："必以厚生为本。"他似乎已经意识到，只有通过发展经济，使社会的物质财富极大地丰富起来，使得人们不需要奸伪就可以满足其物质生活要求以后，才可能使人性在更高的基础上重返原始的淳朴。由此可见，他不仅具有历史进化的思想，而且已经认识到社会发展进化的某些辩证规律。

"天道有盈虚，智者乘时作"——对于"时"与"变"之义的哲学探讨。基于对社会发展规律的考察，顾炎武从《周易》中发挥出"过中则变"的"时"与"变"之义。他说："道之污隆，各以其时。"人们的历史活动，总是受到特定的社会条件的制约，要善于审时度势，把握变革的时机。他认为，只有在事物的发展"过中"，即开始向其相反的方面转化的时候，才是变革的时机成熟之时；此时见机而作，就能取信于人。他坚信："斯道之在天下，必有时而兴。"

他通过考察历史，证明了历史上从来就没有一成不变的制度，他从时代的变化和"百王之治至殊"的历史事实中看到，"天下之变无穷，举而措之天下之民者亦无穷"。但他也看到了改革在中国所具有的特殊的艰难性，他说中国的任何事情都只有在"穷"——穷途末路、不得不变之时才会变；否则，就是再好的改革建议，也不会被统治者所采纳。另一方面，他也看到，某种改革措施的实行又确实需要一定的时机；只有改革的时机成熟了，才可能尽量做到有利而无弊或利大于弊。面对明末社会的严重危机，顾炎武认为传统的制度已"居不得不变之势"，表达了其对于改革的强烈愿望。

在清朝军事贵族的统治日益巩固、任何反抗都只能遭到血腥镇压的情况下，顾炎武无可奈何地发出了"取果半青黄，不如待自落"的哀吟；但他始终对民族的复兴充满信心，认为清朝的统治终将有盛极而衰的一天，不可能逃脱事物发展的辩证规律。他寄希望于社会发展的未来，但他强调，不应只是消极地等待时势的到来，时势毕竟是由人所造成的，人力所至，或可回天，由此发挥出"人定能胜天"之义。他认为，在民族复兴的时势尚未到来的情况下，不应委天任运，无所作为，而应努力为民族的未来复兴创造必要的条件，包括思想文化方面的条件。为民族的复兴准备思想文化的条件，正是晚年顾炎武身体力行的努力祈向。

顾炎武的哲学思想，总是围绕着解决社会发展所提出的最重大的现实问题而展开，体现着一位真正的哲人为中华复兴而上下求索的使命感。这是一种走向现实人生的积极有为的哲学，是探寻民族复兴之路的哲学。这一哲学路向，是中国哲学十分宝贵的传统。

2. 史学思想

顾炎武一生非常重视历史学研究，写了大量的历史学著作。他的三大奇书——《日知录》《天下郡国利病书》《肇域志》，实际上都是历史学著作；他的《音学五书》，是研究中国古代音韵史的著作；他的《圣安纪事》《明季实录》，是研究晚明史的著作；更有《山东考古录》《昌平山水记》《历代帝王宅京记》等书，是研究历史地理学的著作。他在史学思想方面的理论建树，主要表现在史学观、史学方法论、史学价值论三个方面。

以历史学家的眼光研究经学。顾炎武在史学研究方面的重大贡献，首先是他突破了神化六经的传统观念，通过以历史学家的态度研究六经，在中国史学史上第一次对"六经皆史"的命题作了具体的论证；他以历史主义的眼光来考察经学的源流，使中国经学史的发展脉络得到了初步的梳理，实事求是地肯定了汉唐学者对于儒学研究的贡献，有力地批判了宋儒割断历史、全盘否定汉唐儒学、借以自我神化的"道统论"。他把经学纳入历史学研究的范畴，做出了建立以史学统摄经学、经史合一的历史科学的宝贵尝试。

　　"其文则史不独《春秋》"——"六经皆史"的历史学论证。顾炎武继承了前辈学者提出的"六经皆史"的思想，致力于经学之祛魅。他说在"六经"中，史书不仅是《春秋》，"六经"都可以看做史书。又说："今人以为圣人作书，必有惊世绝俗之见，此是以私心待圣人。"强调以历史学家的眼光去看待古代圣人的经典，一切古代经典都不过是历史的记载，无须加以人为的神化。他把这一思想贯穿于以史解经、以经证史的学术研究之中。其中，尤以对《周易》《尚书》《诗经》的论述最具特色。

　　顾炎武认为《周易》中所记载的多为周代史事。《周易》所载，又不局限于"当文王与纣之事"的时代，还涉及周族的发源史等。例如，他从《周易》"过其祖，遇其妣"的爻辞，考证出"妣先于祖"，即母系氏族社会先于父系氏族社会的史实。他一方面借助于对《周易》爻辞的解读，另一方面又借助于《周礼》《诗经》所提供的史料，二者互相印证，以证明先妣是比先祖更早的祖先，在男性祖先之前，还有一个不知道谁是她的配偶的女性祖先的时代，如作为周人祖先的姜嫄既是。从这些论述中，我们得以知道，在崇拜男性祖先的父系氏族社会之前，还有一个崇拜女性祖先的母系氏族社会。

顾炎武认为，《诗经》中的诗歌次序，原本是按照史事发生的年代先后编排的，正如《春秋》的年月一样，《诗经》是一部以艺术的形式出现的编年史。他运用《左传》和《仪礼》所提供的关于《诗经》的本来编次的史料来证明这一观点，并断言《诗经》的次序之所以混乱不堪，是汉初经师移动其次序的结果。他力主恢复《诗经》的本来排列次序，例如"召伯营之"是周宣王时期的诗，应该移到前面；《硕人》是庄姜出归时的诗，也应该移到前面。而《绿衣》《日月》《终风》乃是为庄姜失位而作，则应该移后。又如《十月之交》有"艳妻"之云，明显是指周幽王，而所谓"褒姒灭之"，也是周幽王时期的诗，都应当移到后面。如此等等。这些论述，不仅在相当大的程度上据实恢复了《诗经》按史事发生年代的先后排列的本来次序，说明我们中华民族也有自己的古代史诗或诗史；而且在以史解诗，以诗证史方面，也达到了一种方法论的自觉。

顾炎武还证明，在六经中，《尚书》《诗经》在编撰体例上具有内在的联系，即都是按照史书的体例来编撰的："《何彼秾矣》以庄王之事而附于召南，其与《文侯之命》以平王之事而附于《书》一也。"其理由是《何彼秾矣》乃"二南之遗音"，且其所反映的历史事实乃是对"周之旧典"的延续；而《文侯之命》之所以附于《尚书》，则是为了说明"申侯之伐，幽王之弑，不可谓非出于平王之志者矣"。二者之所以在编排上作如此安排，都是为了说明历史的承续关系或历史事件的因果关系。

"多闻阙疑，慎言其余"——《春秋》为纪实之书、阙疑之书。

在史学研究领域，是据事直书、以真实性为史学之生命，还是以政治伦理的需要来决定对史实的取舍从违，是两种根本对立的治学思路。顾炎武不否认《春秋》中的某些用语带有尊周室、为国讳及寓褒贬的意味，但从总体上说，他认为《春秋》是一部"阙疑之书"、纪实之书，把《春秋》的史学方法还原为"多闻阙疑，慎言其余"的纪实方法。

第一，《春秋》本是"阙疑之书"。顾炎武引证孔子所说的"吾犹及史之阙文也"这句话，认为孔子当时所能接触到的不过是一些残缺不全的历史记载，对于记载中所缺失的内容，孔子是不敢随意增益的。他以春秋时期的两次日食记载都没有写发生在那一天为例，指出孔子并不是不能计算出这两次日食发生的具体日期，但他却不敢推算以补史文之缺，生怕自己的计算出现差错；连日期都怕错误而宁可阙疑，那么，对于"史文之误而无从取证者"，孔子也就只好不写而阙疑了。传统的观点认为，《春秋》何者书、何者不书，以及如何书写，都有微言大义在内。顾炎武则认为，《春秋》对于有的史事之所以不书，是因为没有文献记载的依据；有的人名之所以不书，也是因为缺乏文献依据而又难以确考的缘故。这其中并没有微言大义，而只是抱着实事求是的态度，对难以确证的史事"阙疑"而已。

第二，孔子作《春秋》的方法只是"多闻阙疑，慎言其余"八个字，而所谓"《春秋》笔削大义微言"的说法不过是误解孔子之意的"郢书燕说"。传统的观点认为，孔子在世时已有《左传》，孔子是取《左传》而笔削之以成《春秋》一书的，因而在其"笔削"之中实有微言大义之所在。对此顾炎武指出，《春秋》以"西狩获麟"绝笔，而《左传》则是出于西狩获麟之后，所以孔子

在世时并没有见过《左传》其书，当然也就谈不上据《左传》而
笔削之的事了。《左传》一书网罗史料之浩博，当然是《春秋》
所无法比拟的，而后世读书人却以孔子不知道这些史料为忌讳，
所以才生出所谓孔子据《左传》而笔削之的奇谈。

　　第三，只有按照孔子作《春秋》时所使用的史学方法去理解
《春秋》一书，才是一种"甚易而实是"的方法；从《春秋》中去
寻找什么"笔削大义微言"，则是一种"甚难而实非"的方法。他
说，《春秋》所记载的史实，按照年代的久远，可分为三世：
"所见世"、"所闻世"、"所传闻世"。所见世是孔子亲眼所见者，
所闻世为孔子闻于同时代长辈者，所传闻世为孔子闻于长辈而长
辈亦得自传闻者。孔子对于他所亲见的鲁昭公、鲁定公、鲁哀公
三朝之事，乃直接用以补国史之缺；而对于"所闻世"、"所传闻
世"的史事，就不得不采取非常慎重的态度，所以才有"异辞"
之说。所见者最可信，故言之凿凿，所闻及所传闻者，则按照其
可信的程度来书写，史实不清楚之处则阙疑。他说这样理解《春
秋》的笔法既平易而又实在。否则，像注释《春秋公羊传》的何
休那样，从《春秋》笔法中的"书日不书日"和"详略之分"中
去寻找微言大义，只能是一种"甚难而实非"的方法。

　　"经学即理学"的命题是指经学所具有的义理学的属性。"六
经皆史"的命题则是指经学所具有的历史学属性，而"经学自有
源流"这一命题则似乎可以看作是以上两个命题的合题，是一个
研究经学史的命题。顾炎武说："经学自有源流，自汉而六朝，
而唐，而宋，必一一考究，而后及于近儒之所著，而后可以知其
异同离合之旨。"以历史学家的态度来研究经学，即以历史学来统
摄经学，是他的一大创见。

如何研究古经？顾炎武说："读九经自考文始，考文自知音始。"读书先要识字，要读对字音，这不是最普通的道理吗？可是，要做到这一点很不容易。特别是先秦古经中的很多字，以今天的字音去读，往往是错的。譬如《诗经》，以今天的字音去读，很多诗篇都不押韵，没有诗味；以古音去读，才朗朗上口，诗意盎然。

　　然而，研究古代经典仅仅是为了读准古书吗？或者，只是为了发思古之幽情吗？又不然。之所以说"读九经自考文始"，是因为"知音"与"考文"存在着极微妙的关系。知音是为了考文。而考文的目的有二：一是为了恢复古书的本来面目，纠正后人擅改古书的错误；二是为了弄懂古经中的字的真正含义。如果连字的确切含义都不懂，那就根本谈不上通经了。

　　顾炎武继承了晚明焦竑和陈第将"本证"与"旁证"相结合来进行考据的科学归纳法，并加以发展，确立起以本证和旁证为主、以参伍推论的理证为辅的考证方法。他说考证的方法有三：一是本证法；二是旁证法；三是在本证、旁证俱无的情况下，以宛转、参伍之法来求解，而所谓宛转、参伍之法，就是理证法。凡讨论一字之音，必广求证据，绝不以孤证立论。据赵俪生先生统计，为了证明"行"（xíng）古读若"杭"（háng），他列举了364条证据；为了证明"下"古读若"户"，他列举了219条证据；为了证明"马"古读若"mǔ"，他列举了69条证据；为了证明"家"古读若"姑"他列举了57条证据，并指出"今山东青州以东犹存此音，如张家庄、李家庄之类，皆呼为姑"。

　　顾炎武不仅集成了焦竑和陈第考证古音的方法，而且建立了古音韵学的体系，解释了语言发展的历史规律。他论音学，注重审音学之源流，辨析"古今音之变，而究其所以不同"。他指出秦汉以来音学凡两变：秦汉之文的读音已渐与上古不同，那东汉时变化就更大了，以至于南朝沈约作《韵谱》时已是"今音行而古音亡"，此音学之一变；到宋朝时，"宋韵行而唐韵亡，为音学之再变"。与秦汉以后声音的流变相应，是出现了用字的假借讹替的很多情形。他把这一切都原原本本地揭示出来，可见其考据功夫之深。

与朱熹之所谓"孟轲死，圣人之学不传。……学不传，千载无真儒"的观点相对立，顾炎武以历史主义的观点看待儒学发展史，对于汉唐诸儒在儒学史上的贡献和地位做了充分肯定。他还把汉唐时代和明朝的思想文化政策作了比较，肯定汉唐时代"不专于一家之学"的思想文化政策的合理性，对明成祖"欲道术之归于一"，独尊程朱理学的思想文化政策作了深刻的批评，认为"排斥众说，以申一家之论，而通经之路狭矣"。鲁迅说得好，汉唐的气概毕竟宏大。顾炎武同样赞扬汉唐的气概，批评在这方面宋朝不如唐朝，明朝又不如宋朝，至于宋明道学家全盘否定汉唐儒学，已足见其气量之窄小而已。

在世界史学史上，历史学之所以能成为一门科学，就史学自身的发展来说，最根本的原因就在于价值中立原则的引进。而顾炎武对于历史学方法论最大的贡献，就在于他以史学研究的价值中立原则取代了传统史学的"为尊者讳"的政治伦理的原则。指导史学研究的根本原则的改变，标志着史学研究学术范式的转换，也由此带来了一系列与新的指导原则相适应的史学方法的创新，突出地表现在为考辩史实真伪的"多重证据法"的提出和运用。这一具有革命性的变革，开辟了中国传统史学近代转型的新纪元，与同时期在西方兴起的近代实证主义史学也具有本质上相通的可比性。

"史策所书，未必皆为实录"——揭露历代官修史书之作伪。顾炎武为什么要以史学研究的价值中立原则取代传统史学的政治伦理的原则？原因就在于他看出了历代史书的记载中存在着严重失实的问题，由此他得出了"史策所书，未必皆为实录"的结论。史书的记载既不合乎事实，那么，对于后来人来说，也就不能正确地做到"以史为鉴"；史书的事实判断既已出错，那么，其价值判断也就不正确。因此，顾炎武把揭露历代史书之失实、特别是官修史书之作伪，作为在史学研究中确立价值中立原则的最充足的理由。

顾炎武认为历代史书的记载之所以严重失实，原因就在于：一是"徒以成败论，而不察其故"。从来的历史书都说，周平王东迁，实现了周室的中兴。顾炎武不以为然，他认为这是后人"徒以成败论，而不察其故"的一个典型例证。他根据汲冢出土的《竹书纪年》所提供的史料，解释了历史的真相：先是周幽王宠爱褒姒，威胁到世子宜臼的地位，宜臼遂出走申国；随后，他便借助犬戎的军队攻克都城镐京，将其父周幽王和太子伯盘杀死，登上王位，称周平王，虢公翰因不满于周平王的这种行为，便另立王子余臣为周王，从此便出现了二王并立的局面。周平王东徙雒邑，受到晋文侯等诸侯的拥戴。晋文侯奉周平王之命杀了王子余臣，从此周平王的地位才得以巩固。周平王勾结犬戎来为自己夺取王位，导致西周的典章文物荡然无存，镐京之地尽为西戎所有，这其实是中华民族的败类为了一己之私利而引狼入室、杀害自己的父兄和同胞的耻辱史，哪里说得上是什么"周室之中兴"，什么

"继文武之绪呢?"

二是"史家阿枉","谄于当时"。我们的历史书至今还在说三国时期的三国为"魏蜀吴",可是顾炎武不以为然,他说这一说法是《三国志》的作者陈寿为了谄媚当权的司马氏集团而造出来的,并不合乎历史实际。刘备于蜀中称帝,其国号是汉,不是蜀;刘备是称帝,不是称主。可是《三国志》的作者陈寿却把刘备的国号汉改为蜀,又以"晋承魏统,义无两帝"为理由,创立先主、后主之名,称刘备为先主,称刘禅为后主。主是当时妇女的称谓(苏林解《汉书》公主云:妇人称主),称刘备、刘禅为主,正如诸葛亮给司马懿送妇女服装一样。可是后人不察,竟沿用陈寿的说法,说什么"魏蜀吴三国鼎立",仿佛这些史学研究者也像陈寿似的成了"曹氏、司马氏之臣"了。

三是"为尊者讳"。顾炎武指出,明朝的《太祖实录》之所以"再修三修所不同者",目的都是为了替明成祖朱棣掩盖"靖难一事"的罪恶。而《太祖实录》在建文帝时代初修时,就已经出于"为尊者讳"的动机,替朱元璋掩盖了其大肆诛杀功臣的劣迹。至于《明成祖实录》,"为尊者讳"的情形就更多了。例如,永乐皇帝任用宦官典兵,镇守交阯,宦官在交阯作恶多端,致使后来丢掉了交阯的广阔国土,皇家的所谓《实录》对此亦讳莫如深。造成《明成祖实录》之记载失实的原因,正是官修史书的"为尊者讳"的传统。

四是篡改文献。在《日知录》卷十八《密疏》条中,顾炎武引唐朝李德裕之言,说历朝《实录》所载密疏,并不是出于宫廷的档案,而是出于给皇帝上密疏的士大夫之家,且"言不彰于朝听,事不显于当时",因而不可信;又以自己亲眼所见的大臣之子追改其父之疏草而刻之的事实证明，明朝人为家族之利益而篡改历史文献，其诬罔的程度比唐朝更甚。专制政治本是铁幕政治，是见不得阳光的，宫廷所藏的密疏既然不能公开，民间伪撰或经过篡改的所谓密疏就必然大行其道，后人据此以作史，又怎能不造成史书的严重失实？

五是历代文人"利其润笔"，贪得"谀墓金"。顾炎武认为，历代文人为达官贵人、名公巨卿所作的碑铭志状多为虚美失实的"谀墓之作"，这是由于他们贪得"谀墓金"的缘故。他列举了大量的史实，证明谀墓之风从汉朝就已经在文人中盛行，大文人如蔡邕、李邕辈，皆以写谀墓之作发财。他说，蔡邕贪得"谀墓金"，到了为7岁和15岁的孩子写碑铭的地步；唐朝的蔡邕写谀墓之作，前后所受的金钱以"钜万计"。而韩愈的谀墓之作，更是"一字之价，辇金如山"，当时有一个叫刘叉的人，从韩愈家里拿了几斤黄金，说："此谀墓中人所得尔，不若与刘君为寿。"令韩愈哭笑不得。历代官修正史以谀墓之作为史料依据，又怎么能不严重失实呢？

"据事直书，则是非互见"——论史学研究中的价值中立原则。顾炎武主张，历史事实是怎样的，就应该怎样书写，所以他坚决反对以政治伦理的需要去歪曲历史，倡导史学研究中的价值中立原则。

第一，反对以正统观点歪曲历史，主张年号的书写应当从实。朱熹治史，主于正统。从正统观念立论，就必定在年号的书写上违背史实，如不书武则天年号而用唐中宗年号，把只有一年的唐中宗嗣圣纪元写成二十一年等等。至于国内多个政权并立时期，更要从中确立一个政权为正统而书写其年号，至于其他政权的年号则黜去之。为此，朱熹可谓煞费苦心；然而，亦终有不能确定孰为正统的无统时期。儒者们往往为孰为正统而争论不休，却忘记了治史的根本原则在于从实。对此，顾炎武明确提出了批评。他认为，从正统观念出发去书写历史，只能导致对史实的歪曲；而围绕着孰为正统的问题而展开的争论，亦可谓毫无意义。朱熹本想用正统观念来"诛乱臣，讨贼子"，体现"《春秋》惩劝之法"，但在顾炎武看来，在历史研究中贯彻政治伦理的原则，不仅违背历史研究当"从实"的原则，而且会导致"论世之学疏"的结果。

第二，反对以主观的褒贬好恶去决定对历史事实的书写，强调史书的书写要以客观存在的历史事实为依据。传统的观点认为，《春秋》对于从蛮夷进而为华夏、华夏退而为蛮夷的历史现象的书写都体现着圣人的褒贬好恶，圣人是以其主观的褒贬好恶来决定其书写方式的。顾炎武认为不然。决定圣人书写方式的乃是客观存在的历史事实，并不是主观上的褒贬好恶。春秋时期，原本被称作"徐戎"的徐国和被称作"荆蛮"的楚国，由于逐渐接受了华夏文明而强大起来，所以圣人"因其进而进之"；原本华夏的各诸侯国因为其文化的退化，乃至退化到了"制归于夷狄"的程度，所以圣人"因其退而退之"。因为历史事实如此，"进者不得不进"，"退者不得不退"，不是圣人的主观好恶所能否认的。史书书写的最高原则是客观存在的历史事实，而不是价值判断上的主观的褒贬好恶。

第三，反对以门户之见或党派偏见歪曲历史，主张"两造异同之论，一切存之"。在《日知录》卷十八《三朝要典》条中，顾炎武明确反对以门户偏见剪裁历史，反对"于此之党则存其是者，去其非者；于彼之党则存其非者，去其是者"这种凭党派偏见去歪曲历史的做法，认为这是造成"国论之所以未平、百世之下难乎其信史"的根本原因。他认为历史学家要示人以信史，就应该超越于门户或党派的利益之上，在纷繁复杂的党派之争中保持价值中立的立场，对互有是非的章奏之文两收并存之，不可以"偏心"谬加笔削。他认为详实的史料乃是作出正确的价值判断的正确前提，只要修史者能忠于历史史实，即使不做任何价值判断，后人也会根据这些真实的史料做出自己的判断。

考辩史实真伪的多重证据法。顾炎武把搜集、鉴别资料的方法称之为"采山之铜"。《亭林文集》卷之四《与人书十》，言及著述之难，可为今日轻言著述者戒。其文云："尝谓今人纂辑之书，正如今人之铸钱。古人采铜于山，今人则买旧钱，名之曰废铜，以充铸而已。所铸之钱既已粗恶，而又将古人传世之宝，春剉碎散，不存于后，岂不两失之乎？"采山之铜，犹如披沙淘金。古籍浩如烟海，不下一番别择提取的苦功是得不到确实而丰备的第一手资料的。有人问他《日知录》又成几卷，他说这是"期之以废铜；而某自别来一载，早夜诵读，反复寻究，仅得十余条，然庶几采山之铜也"。

顾炎武确立的考辩史实真伪的多重证据法主要包括以下内容：一是将正史的纪传表志互相对勘的方法。本纪中有失实之处，可以在列传的记载中得到辨明；此一史书的失实之处，可以借助于其他史书的记载得以辨明。例如《史记·孝文帝纪》就载有汉文帝主张薄葬的遗诏，直到西汉末年的大学者刘向，对此深信不疑。然而顾炎武从《张汤传》中发现了"武帝之时已有盗发孝文园瘗钱者"的事实，而《晋书·索綝传》中更有"盗发霸、杜二陵，多获珍宝"的记载，索綝且言汉代天子从即位之年就开始为自己修建陵墓，每年皆以天下贡赋的三分之一充山陵。顾炎武正是根据这些史料，而推翻了《史记·孝文帝纪》关于汉文帝薄葬的记载。二是以野史与正史相互参订以寻求历史真实的方法。顾炎武以寻求历史真实的方法去看待野史笔记的史料价值。《日知录》一书考史，就运用了不少野史笔记的史料。不仅以野史补正史之缺，而且对某些野史记载真实性的肯定，亦具有驳正官修正史之讹的意义。他根据郑所南《心史》旧本所记载的文天祥的事迹，证明如今所流传的《心史》版本已经被篡改，旧本《心史》足以订正新本之讹。不仅如此，根据旧本《心史》，还可以纠正元朝官修的《宋史》对于文天祥事迹的歪曲。对于明朝万历以后出现的大量野史著作，顾炎武也表示了高度的重视，认为这些著作对于撰修《明史》皆为"不可缺"的重要参考资料，有助于从"是非之途，樊然淆乱"的晚明史料中清理出历史的真相来。顾炎武还认为，在考辨历史记载的真伪时，还必须注意到把文学创作的虚构与真实的历史记载加以严格的区分。例如，相传司马相如为陈皇后作《长门赋》，使她重新得到了皇帝的宠幸，就是一件虚构的事情，历史上并无此事。顾炎武由此提出了"俳谐之文不当与之庄论"的史料鉴别原则。其理由就在于，文学的创作允许虚构，不必一一合乎历史史实，因而多有"子虚"、"乌有"之辞，但历史研究不同，只有遵守有一分事实说一分话的原则。三是借助金石铭文等文物资料及对历史遗迹的田野调查来为史书订讹补缺的方法。顾炎武不仅从古人的原著中搜集资料，而且从事实际的社会调查，将实际调查获得的资料与文献相印证，或根据实际调查获得的资料来纠正文献的错误。顾炎武所从事的社会调查的范围很广泛，有考察山川地理的、地名沿革这样的颇近于现代地理学和历史地理学家的调查，有寻觅秦汉古碑等历史文物证据这样的颇近于现代考古学家的田野考察，更有考察民生疾苦利病这样颇近于现代社会学家的调查。潘耒《日知录序》说："先生……足迹半天下，所至交其贤豪长者，考其山川风俗，疾苦利病，如指诸掌。"

受欧阳修《集古录》的启发，顾炎武认识到金石铭文等实物资料对于历史研究的重要意义。为了搜集金石铭文资料，他曾自谓："此二十年间，周游天下，所至名山、巨镇、祠庙、伽蓝之迹，无不寻求。登危峰，探窈壑，扪落石，履荒榛，伐颓垣，畚朽壤，其可读者，必手钞录，得一文为前人所未见者，喜而不寐。"他发现古代金石铭辞的证据可以与史书相证明，可以阐幽发微，补缺正误。借助于金石铭文资料和田野调查，他不仅解决了历史研究中的不少疑难问题，而且还廓清了长期统治思想界的某些重大的错误观念。

顾炎武从事历史学研究，具有明确的实践目的，即经世致用。他说："必有体国经野之心，而后可以登山临水；必有济世安民之识，而后可以考古论今。"他明确指出，考古论今是为了济世安民，是要在历史研究中体现学者的"济世安民之识"。其历史学价值论，包括"鉴往训今"、"引古筹今"、"稽天成德"三大方面。

"夫史书之作，鉴往所以训今。"顾炎武说："夫史书之作，鉴往所以训今。"这是顾炎武对历史学的价值属性的一个重要论述。他告诉我们，历史学存在的价值首先就在于总结历史的经验，从历史经验中获得有益的教训。他非常赞成宋朝的太常博士倪思提出的主张，研究历史不仅要研究盛世，而且要研究衰世，要重

在探讨"其进取之得失，守御之当否，筹策之疏密，区处兵民之
方，形势成败之迹，俾加讨究，有补国家"。

为了使历史学能够发挥鉴往所以训今的作用，顾炎武十分推
崇司马迁的"于序事中寓论断"的史学方法。他说："古人作史，
有不待论断，而于序事之中，即见其指者，惟太史公能之。"顾炎
武所赞同和主张的这种治史方法，是在据事直书、如实解释历史
事实的基础上，将事实判断与价值判断有机地统一起来的方法。

顾炎武还特别提到司马迁寓论断于叙事之中的一些典型事例，
以寄托其"夫史书之作，鉴往所以训今"的一片苦心。如《史记·
平准书》未载卜式语："县官当食租衣税而已。今弘羊令吏坐市
列肆，贩物求利。烹弘羊，天乃雨。"顾炎武举这个例子，显然是
借此来批评晚明的"官倒"、反对官员经商的意味。又如《晁错
传》未载邓公批评汉景帝借诛杀晁错"杜忠臣之口"，《武安侯田
蚡传》未载汉武帝"使武安侯在者，族矣"一语，都在叙述中隐
含对当代政治的批评；而顾炎武则借此来表达对晚明忠臣被诛戮、
坏人逍遥法外的愤慨。

引古筹今，亦吾儒经世之用。顾炎武说："引古筹今，亦吾
儒经世之用。"这是顾炎武对历史学的价值属性的又一重要论述。
他告诉我们，历史学存在的价值还在于人们可以从历史中汲取论
道经邦的智慧，来解决社会发展所提出的现实问题。

与朱熹批评司马迁"疏略浅陋"、"本意却只在权谋功利"的
说法相对立，顾炎武盛赞"太史公胸中固有一天下大势，非后世
书生之所能几"，说"秦楚之际，兵所出入之途，曲折变化，唯太
史公序之如指掌"；又赞扬司马光的《资治通鉴》"所载兵法甚
详"，批评朱熹的《通鉴纲目》将《通鉴》所载用兵之策大半削去

的做法"未达温公之意"。朱熹排斥史学的一个重要理由是"圣人不藉力",而顾炎武则以殷周之际的历史事实来对这一观点作了驳斥。他以周朝的祖先王季以及周文王和周武王不断凭借武力扩张疆土、从而使其具有夺取商朝之天下的军事实力的事实,证明孟子之所谓"文王以百里"而得天下、圣人从不凭借政治军事力量的说法是错误的。

顾炎武从历史研究中还认识到,在历史发展中真正起决定作用的不是空洞的说教,而是现实的政治、经济、军事实力的对比,是实力和权谋的较量。因此,一个民族要立于不败之地,就不能不讲实力,讲功利,讲权谋。司马迁的《史记》之所以写得好,就在于"自古史书兵事地形之详,未有过此者","其中所载兵法甚详,凡亡国之臣、盗贼之佐,苟有一策亦具录之"。只有这样的史书,才能对今人引古筹今、经世致用起到智囊的作用。

顾炎武不仅十分注意历史学研究对于经世致用的社会功利的价值,而且十分重视历史学对于民族文化的保存和延续、对于培养爱国主义的道德情操、对于人的自我完善的人文价值。他认为,只有通过历史研究,才能通晓历史的规律性,才能认识人文化成的历史文化世界中的"性与天道"。所谓"学于古训,乃有获",所谓"先之以稽我古人之德,而后进之以稽谋自天",所谓"君子以多是前言往行,以畜其德",都是讲的这一道理。人只有通过学习和研究历史,才能认识自己,认识社会,意识到自己所承担的历史使命,并促进自身人格的自我完善。

顾炎武认为,先进的汉民族之所以被落后的游牧民族所征服,其中的一个重要原因就在于汉民族自身的道德危机,特别是晚明朝野上下所盛行的淫靡之风。他认为,从中国历史上看,之所以

"卫有狄灭之祸"、"陈有征舒之乱"、"桓公之所以薨"，如此等等，最直接的原因都是由于君主不讲究"昏媾之义，男女之节"所造成。君主淫靡无度，陷入男女兽欲的魔窟之中，遂导致朝政混乱；上行下效，很多士大夫家中皆有"一队妖娆"，许多读书人也把自己的精力消耗在青楼女子身上，负责保卫国家的将士们也因贪财好色而变得战阵无勇。在这种情况下，一旦发生内乱或外族入侵，国家又安能不亡？这些历史教训，是值得国人认真汲取的。

章太炎先生认为，顾炎武的历史学研究，即使是在对古音韵学和古代金石遗文的研究中，也倾注着深沉的爱国主义热忱，其目的在于"兴起幽情，感怀前德"，激发人们的民族感情和爱国心。他说："若顾宁人者，甄明音韵，纤悉寻求，而金石遗文，帝王陵寝，亦靡不殚精考索，惟惧不究，其用者在兴起幽情，感怀前德。吾辈民族主义者犹食其赐。"太炎先生的这一论述，真可以说是深得顾炎武之苦心。

3. 道德伦理思想

对传统中国负面国民性的全面系统的研究和批判，构成了顾炎武伦理思想的一个显著特色。在中国伦理学说史上，像他这样全面而系统地研究国民性问题，几乎可以说是前所未有的。他认为传统社会的中国人、尤其是士大夫阶层的负面国民性主要表现在以下方面：

一是势利之性。儒家伦理的基本原则是"亲亲"、"尊尊"、"爱有差等"，爱的差等是直接与等级名分的尊卑贵贱联系在一起的，对于亲者、尊者要亲厚，对于疏者、卑者要疏薄。这一原则从家庭推广到社会，就造成了人们日益滋长的势利之性。顾炎武敏锐地意识到这一点，因而对人们的势利之性、特别是普遍盛行于社会公共生活中的势利之性做了全面而深刻的揭露和批判。他认为势利之性具有以下表现：

第一，在家庭中强分尊卑贵贱，在本不应区分尊卑贵贱的地方也要分出贵贱来。如兄弟之间，以嫡出为尊贵，以庶出为卑贱。对此，顾炎武严正批评道："夫一父之子，而以同母不同母为亲疏，此时人至陋之见。春秋以下，骨肉衰薄，祸乱萌生，鲜不由此。"

第二，社会公共生活中的庸俗关系学盛行，只认关系，不讲道义。儒家道德伦理的一大弊病，就在于待人接物总是以关系之亲疏、人情之厚薄为转移。此种情形在汉代就已十分流行，《日知录》卷五《邦朋》条引汉代荀悦之言说："荀悦论曰：'言论者计薄厚而吐辞，选举者度亲疏而举笔，苞苴盈于门庭，聘问交于道路，书记繁于公文，私务众于官事。'世之弊也，古今同之，可为太息者此也。"正因为官场和学界都是只认关系，不讲道义，于是人们为了牟取私利，就不择手段地攀附权贵。唐代以来，以科举取士，庸俗关系学的名目更加繁多，宗法关系全面渗入官场和学界，形成为政治上的朋党、学术上的门户。讨好巴结达官贵人的轿夫、家人，以此作为结交权贵的捷径，更成为官场上普遍流行的风气。由于庸俗关系学的盛行，导致无论政界还是学界都是垢污深积、黑幕层张。

第三，导致人们为追求富贵而荣辱不分、以耻为荣，乃至无耻到了靠裙带关系取富贵、甚至自宫以进的地步。顾炎武认为，专制制度的森严等级造成了人们的势利之性，这种势利之性早就发展到了令人感到不可思议的地步。皇宫中聚集着数以千计、万计的宫女和太监，是中国传统社会的一大弊政，而这一弊政之所以能够长期存在而且兴盛，是因为有以当宫女和太监为荣耀的国民性。如果普天下人都以纳女后宫为耻，那么儒家伦理所规定的帝王占有大批妇女的特权也就不可能继续存在。皇帝既不能占有大批妇女，也就无须再用太监，由此可以废止每年阉割一千多名青年男子为太监的虐政，为图富贵而自宫为太监的风气亦可从此消失。

二是贪婪之性。顾炎武认为，专制政治体制造成了社会的普遍性的腐败。腐败现象贯穿于全部专制政治史，尤以历代王朝的中晚期最为盛行。在明代中叶以后商品经济发展的新形势下，由于专制政治的体制性腐败无孔不入，更使腐败从官场向整个社会迅速蔓延。从达官显贵到社会底层的"游闲无食之人"，其心术之败坏已经到了令人匪夷所思的地步。《日知录》卷十二《河渠》条说，上至河道总督，下至普通河工，却年年希望黄河决堤。管理河道的官员们年年指望着从国家的治河经费中侵克金钱，"游闲无食之人"年年指望着从河工上支领工食，导致到处都是"豆腐渣工程"，年年治河，却几乎年年有决口。心术之败坏到了如此之地步，简直是无可救药！

三是"夸毗"之性。何谓"夸毗"？顾炎武引《释训》和《后汉书》告诉我们：所谓"夸毗"，就是没骨气、没操守的意思用今天的话来说，所谓"夸毗"之性，就是奴才之性，谄媚之性，畏忌因循之性，善于变化、毫无特操之性。

"夸毗"的价值观念是："以拱默保位者为明智，以柔顺安身者为贤能，以直言危行者为狂愚，以中立守道者为凝滞"；其行为方式是："无所可否，则曰得体；与世浮沉，则曰有量；众皆默，己独言，则曰沽名；众皆浊，己独清，则曰立异。"白居易的《胡旋女》诗云："天宝季年时欲变，臣妾人人学圆转。"这两句诗就是形容那些如同歌妓舞女一般的士大夫的。用鲁迅的两句带有大男子主义色彩的话来说，就叫做"男人扮女人"，叫做"以妾妇之道治天下"。"夸毗"之性造成了严重的社会危害。首先是造成了政治的昏乱。其次是造成了社会风气的败坏。顾炎武认为，正是这种奴隶根性，是造成民族沦亡的祸根之一。

四是虚伪之性。顾炎武认为，道德的精义在于真诚，虚伪则是与道德的本质相违背的。可是在中国，道德的表象下面却往往隐藏着完全相反的内涵："今日人情有三反，曰弥谦弥伪，弥亲弥泛，弥奢弥吝。""上自宰辅，下之驿递仓巡，莫不以虚文相酬应。"虚伪具有"人情所趋，遂成习俗"的普遍性和胶固于人心的牢固性，揭露"降及末世，人心之不同既已大拂于古，而反讳其行事"，以此说明末世的风俗比盛世更为虚伪。他甚至说那些用谎言来欺骗民众的人在才能上远比古人下劣：孔子称少正卯"行伪而坚"，因为他确有本领给孔夫子造成了"三盈三虚"的难堪局面；顾炎武称"今之疑众者，行伪而脆"，认为与少正卯相比，如今那些虚伪的"好名之人"其实都是些才能平庸的无能之辈，"皆不足患"。顾炎武这里所说的，正是后来龚自珍所批判的连才盗、才偷也没有的社会状况。

五是浇薄之性。顾炎武在《莱州任氏族谱序》中写道："予读《唐书》韦云起之疏曰：'山东人自作门户，更相谈荐，附下罔上。'袁术之答张沛曰：'山东人但求禄利。见危授命，则旷代无人。'窃怪其当日之风即已异于汉时，而历数近世人才，如琅邪、北海、东莱，皆汉以来大儒所生之地，今且千有余年，而无一学者见称于时，何古今之殊绝也？至其官于此者，则无不变色咋舌，称以为难治之国，谓其齐民之俗有三：一曰逋税，二曰劫杀，三曰讦奏。而余往来山东者十余年，则见……人心之日以浇且伪，盗诬其主人而奴讦其长，日趋于祸败而莫知其所终。"浇薄至极，必至残忍："河北之人，斗很（狠）劫杀，安、史诸凶之余化也。"南方人在这方面也不逊色，如东南沿海商人的武装走私集团（即所谓"倭寇"），在沿海各省烧杀抢掠，无恶不作；"海滨男妇，束手受刃，子女银物，尽为所有，为害犹酷。"江西虔州和福建汀州，"二州民多盗贩广南盐以射利。每岁秋冬，田事才毕，恒数十百为群，持甲兵旗鼓，往来虔、汀、漳、潮、循、梅、惠、广八州之地，所至劫人谷帛，掠人妇女，与巡捕吏卒斗格，或至杀伤，则起为盗"。

六是游惰之性。顾炎武批评北方学者"饱食终日，无所用心"，批评南方学者"群居终日，言不及义，好行小慧"，这是中国读书人的游惰之性在北方和南方的不同表现，但游惰之性远不止此，还表现在以下三个方面：一是嗜赌博。赌博之风，虽然在士农工商四民中无不盛行，但最盛行于士大夫阶层之中。从万历到天启，再到崇祯，赌博之风愈演愈烈。晚明士大夫不仅不以赌博为耻，反以不善赌博为耻。二是竞奢淫。顾炎武认为，轻薄奢淫的士风是从南朝梁、陈时期开始形成的："江南之士，轻薄奢淫，梁、陈诸帝之遗风也。"这种竞相奢淫的士风，到了晚明，更普遍流行于士大夫阶层之中："今日士大夫才任一官，即以教戏唱曲为事，官方民隐置之不讲，国安得不亡？身安得无败？"三是佞仙佛。"南方士大夫，晚年多好学佛；北方士大夫，晚年多好学仙……其与求田问舍之辈行事虽殊，而孳孳为利之心则一而已矣。"

从顾炎武对传统社会负面的国民性的批判可以看出，中国传统社会负面的国民性主要表现在士大夫之中，表现在专制官僚集团和作为它的庞大后备军的"士"阶层之中。他看到明朝之所以灭亡，在很大的程度上是由于长期的专制统治所造成的国民劣根性，以及由此所导致的整个社会道德风气的败坏和民族精神的衰落。为了民族的振兴，他大声疾呼："今日之务正人心，急于抑洪水也。"

"行已有耻"的道德底线。社会道德风气的败坏既是导致民族衰亡的主要原因之一，那么，如何"正人心"以重建道德也就成为问题了。是像某些现代新儒家学者们所主张的那样回归"宋明理学之内生活的修养"，高唱道德理想主义的高调，还是从现实的人性出发、从社会生活的实际出发，来确立一种切实可行的最低限度的道德？顾炎武所选择的显然是后者。

中国传统的道德形而上学在程朱理学那里已被发展到了极致。顾炎武通过传统和教育接受了宋儒的道德理想主义，因而他对晚明以来的社会风气深为不满；但同时，他也清醒地意识到，适用于个人道德修养的道德理想主义，决不适用于治国平天下。譬如道学先生们可以用"饿死事极小，失节事极大"的精神来严格要求自己，以造就其"理想人格"；但如果以此来要求普天下的妇女，那就造成了巨大的灾难。可惜的是，前者很少有人实践，而后者推行起来却是雷厉风行。顾炎武要改变这种情形：对于真诚的道德理想主义者，他固然予以充分肯定；但在社会的普遍教化的层面上，他却不讲空头的道德理想主义，而只给人们规定了一个"行己有耻"的道德底线。而这一道德底线的立论基础，主要在于以下三个方面：一是对现实的人性的考察，确认"民生有欲"、"人之有私"。二是对人性与道德之关系的考察，强调道德不能拂逆人性，只能"顺"之、"养"之、"给"之、"恤"之，不切实际的高标准反而会造成作伪，因此，必须从社会生活中划分出一个允许人们追求其合理的私人利益的非善非恶的领域。三是对经济、政治与道德的关系的考察。在经济与道德的关系上，强调"衣食既足，廉耻乃知"，只有"财足"才能"化行"。在政治与道德的关系上，顾炎武也有很深刻的见解。他认为，士大夫阶层本应该在道德上对社会起表率作用，同时还负有对民众进行道德教化的责任，而实际情况却是"无官不窃盗，无守不赂遗"，道德教化者反而成了社会上最坏的一批人，成了败坏社会风气的罪魁祸首。问题的关键就在于权力对人的腐蚀作用，士大夫阶层是一个无时无刻不在受着权力的腐蚀的特殊的人群，他们的向善的天性被权力泯没了。对于普通老百姓来说，没有名利也会做善事、讲道德，但对于士大夫这一特殊的群体来说，要使他们讲道德，就非得满足他们对名和利的追求不可。因此，在顾炎武看来，任何政治的高言宏论、道德的豪言壮语，对官员们都是不管用的，只能把满足他们对名利的追求与要求他们遵守最低限度的道德结合起来。

基于上述理性的思考，为了达到"务正人心"的目的，就不能再讲宋儒那一套"最高限度的道德"，而只能讲最低限度的道德。顾炎武深有感于《管子》所说的"礼义廉耻，国之四维；四维不张，国乃灭亡"的观点，悲凉地发出了"士大夫之无耻，是谓国耻"的谴责之声。他认为礼义廉耻四者之中，耻为尤要。其原因就在于无耻是一切罪恶的根源，而人要有道德，且需从有耻开始。因此，就必须设置一条切实可行的"行己有耻"的道德底线。在最低限度的道德中，妇女不必守寡，忠臣不必死节，一切属于人之常情的行为都是允许的，但"行己有耻"的道德底线却不可逾越。"行己有耻"的道德底线包含以下最基本的道德原则：

一是人道主义的原则，即不要做有违人道主义原则的事。《日知录》卷七《不动心》条说："我四十不动心者，不动其行一不义，杀一不辜，而得天下，有不为之心。"人道主义原则是人类社会最基本的原则，是人之所以为人的最低限度的道德底线，但同时也是至高无上的道德原则，是无以复加的最高的道德境界。

二是爱国主义的原则，即不要做有违爱国主义原则、有损国格和人格的事。在以清代明、汉民族被游牧民族所征服的历史条件下，顾炎武把爱国主义原则看作是最重要的道德底线，提倡"天下兴亡，匹夫有责"的爱国主义的道德情操。他说："有亡国，有亡天下，亡国与亡天下奚辨？曰：易姓改号谓之亡国，仁义充塞，而至于率兽食人，人将相食，谓之亡天下……是故知保天下，然后知保其国。保国者，其君其臣，肉食者谋之；保天下者，匹夫之贱与有责焉耳矣。"在以上论述中，顾炎武深刻阐明了"保天下"与"保国"的关系："保国"决非与匹夫无关，而匹夫只有意识到"保天下"的重要性，才能更为自觉地投身"保国"的民族保卫战争中去。所谓"亡天下"，主要是指丧失民族气节而言。满清的八旗军队，不过区区十万人，且语言不通，地理不熟，如何能够征服汉民族？这就全靠充当汉奸的明朝士大夫为之出谋划策，充当汉奸的乡土流氓、棍痞、恶僧、妖道之流为之带路，投降满清的汉族军队协助八旗军队到处攻城掠地。指挥征服战争的虽然是满清的军事统帅，作战的中坚力量也是满清的八旗兵丁，但无论哪一次大屠杀都少不了汉奸军队的参与。汉奸的数量之多，在中国历史上是前所未有的；他们帮助满清八旗兵丁屠杀自己的父老乡亲，掳掠大批的同胞姐妹送去给满清贵族、八旗兵丁淫虐，其灭绝人性的程度，在中国历史上更是空前绝后。这些充当汉奸的民族败类，正是顾炎武所说的"入于禽兽者"、"率兽食人"者。世道人心坏到了如此的程度，岂非"亡天下"？正是由于"亡天下"，所以才导致了"亡国"。顾炎武坚信，只要"天下"不亡，即爱国之心不亡，民族气节不亡，民族的复兴就有希望。在满清入主的历史条件下，顾炎武把投靠满清统治者看作是"目挑心召，不择老少之伦"的行为，指出："生子不能读书，宁为商贾百工技艺食力之流，而不可求仕；犹之生女，不得嫁名门旧族，宁为卖菜佣妇，而不可为目挑心召，不择老少之伦。"在顾炎武看来，维护民族利益的爱国主义的原则与人道主义的原则一样，同样是生而为人的最基本的道德原则；二者是可以在维护民族生存的基础上统一起来的，他认为在汉民族遭受民族压迫的时代，对异族统治者阉然献媚，去帮助异族统治者压迫本民族的同胞，是类似于娼妓的无耻行为，是堕落到人之所以为人的道德底线以下了。

三是决不以势利之心待人的原则。要确立这一原则，关键在于破除儒家传统的尊卑贵贱的等级观念。首先是确立"君、臣、民"人格平等和政治平等的观念。他认为官与民在人格上是平等的："群黎，庶人也。百姓，百官也。民之质矣，兼百官与庶人而言，犹曰'人之生也直'也。"其次是要确立不以职业作为衡量人品之高下的观念。他认为衡量人品的高下不应依据传统的"士农工商"四民的职业划分，也不应依据权势和金钱的原则。在社

会公共生活中，待人接物要"先除门户之见"，不应"计厚薄"、"度亲疏"。他认为以势利之心待人、只讲关系而不讲道义的行为是"戎狄之道"，不是华夏民族应有的品质，因而是可耻的。从人皆有私的观点出发，就不能再以职业来作为衡量人品高下的标准。传统的观点把道德的高下与人所从事的职业相联系，士农工商四民的先后次序就是如此。商人居四民之末，因而普遍流行着商贾道德最为卑下的传统偏见。而顾炎武的观点则不同，道德的高下不再与从事何种职业联系在一起，职业只不过是个人实现其私人利益的谋生手段，这对每一个人来说都是一样的。而道德的高下则另有衡量的标准，要看他如何处理个人利益与他人和社会的利益之间的关系。以这一标准来衡量，士的道德水准未必高而"商贾百工技艺食力之流"的道德则未必卑。在《答王山史书》中，顾炎武还明确提出"君子以广大之心而裁物制事"，不应在家庭中强分贵贱的观点。

四是决不与腐败的社会风气同流合污的原则。他认为是否与腐败的社会风气同流合污，是老子之学与孔子之学的根本区别。他认为老子主张和光同尘、与世浮沉，是典型的乡愿哲学。后来的儒家也接受了老子的这一思想，遂导致很多士大夫与腐败的社会风气同流合污。他认为一个人要想在腐败的社会风气中保持独立特行的节操，就必须具有"耿介"的品格。耿介，就是独立特行，就是具有自己的独立人格。国家的独立之根柢在于个人的独立，要"保邦于未危"，必须从提倡个人的独立人格开始。

五是决不枉道事人的原则。所谓"枉道事人"，是指放弃自己的良知、信念和操守去侍奉权势者，以实现其对于功名利禄的追求。顾炎武认为，这也是一种无耻的行为。《日知录》卷七《古

者不为臣不见》条告诉我们，儒家的所谓"中道"的模糊性，足
以使得后人可以"被中庸之名"、"托仲尼之迹"来做枉道事人的
无耻之事。而在专制政治体制下，读书人要实现其对于功名利禄
的追求，也必然要"望尘而拜贵人，希旨以投时好"，要使人不无
耻，是很难的。要真正做到"行己有耻"，就必须坚持决不枉道事
人的原则，"上交不谄"，"上弗援，下弗推"，无论在任何情况
下都必须坚持自己的良知、信念和操守。他认为真正的学者是具
有思想的尊严和人格的尊严的人，决不会因为世俗的好恶而改变
自己的思想和信念。如果为了扩大知名度而不自尊其所学，不惜
改变自己的思想信念以迎合世俗的喜好，这就是一种"枉道以从
人"的行为。

　　六是先义后利的原则。这一原则主要是针对社会政治生活中
贿赂公行的严重腐败现象而言。他说："人而不廉而至于悖礼犯
义者，其源皆始于无耻。"不廉始于无耻，则廉洁方为有耻。他在
讲"今日之务正人心，急于抑洪水"时，把确立"先义而后利"
的原则看作是正人心的关键。他明确表示坚决反对把商品交换的
原则引入社会政治生活，以"先王制为筐篚之文"来对士大夫阶
层的人们讲说"远财而养耻"的道理，说明金钱交易的商品经济
原则一旦进入官场，朝廷就会变成市井，官场就会变成市场，就
会造成权钱交易、买官卖官之风盛行、普遍腐败的社会政治状况。

　　七是严守学术道德的原则。对于学者来说，所谓诚信，就是
要严格遵守学术道德。顾炎武要求学者们要做到"博学于文，行
己有耻"8个字。"博学于文"是学问上的要求，"行己有耻"是
对学者人格的要求；但二者是有密切的内在联系的："博学于文"
要求"行己有耻"，一个热衷于功名利禄之追求，因而不可能做到

"行已有耻"的人，是根本不可能做到"博学于文"，即在学术研究上作出实实在在的贡献的；只有能够耐得住寂寞，能够以坚强的意志抵御住各种外在的诱惑，把世俗所羡慕追求的一切看得无足轻重，方能做到"行已有耻"，亦方能做到"博学于文"。这正体现着他所提倡的朴学学风与人格塑造的内在一致性。

当然，顾炎武并不认为仅仅靠划出一条"行已有耻"的道德底线就能解决道德文明的重建问题。他认为士大夫阶层所代表的负面国民性的形成有其深刻的社会体制的原因，而负面的国民性又反转来维系着弊端丛生的社会体制；要解决道德文明的重建问题，还得有经济和政治条件的配合。他之所以要致力于确立最低限度的道德标准，乃是为了替民族的复兴多保留一些道德的资源。

论豪杰精神。顾炎武所讲的"豪杰"，与孔子所说的"狂者进取"的"狂者"是同一个概念；但在朱熹的思想中，"豪杰"与"狂者"则是两个不同的概念。在顾炎武看来，对于"狂者"的亢爽高迈的气概非但不应加以抑制和裁正，而且这种气概正是成为圣人的必要条件；而朱熹的看法则完全相反，他在《四书章句集注》中明确指出，对志意高远的"狂者"必须加以裁正，以防止其陷入异端。关于顾炎武与朱熹思想的这一差别，从下面所要论及的顾炎武与朱熹对于陶渊明和韦应物二人的不同的评论上可以更为清楚地看出。

与朱熹主张对志意高远的"狂者"要加以裁正的观点不同，顾炎武则表彰"狂者"，提出了"大凡亢爽高迈之人易于入道"的命题。在这一点上，顾炎武与朱熹的分歧集中表现在对陶渊明和韦应物二人的评论上。在朱熹的心目中，韦应物是一个具有道学家的那种"无声无臭"的本体论境界的人，清心寡欲，所到之处就关起门来焚香默坐，何等闲适，何等自在！而顾炎武的看法则不同，他所推崇的，乃是韦应物志在从军边塞的英雄气概，推崇的是他的"少年之豪气与中年之砥砺"。在朱熹的心目中，陶渊明是一个负气任性、当了隐士却还想出名的人；而在顾炎武的心目中，陶渊明却是一位志节凛然、有志于天下的豪杰之士。在顾炎武对陶渊明"惜哉剑术疏，奇功遂不成"这两句诗的赞赏中，寄托着顾炎武自己的心声：他感慨自己没有古代侠士那样精湛的击剑技术，不能亲手去刺杀满清帝王、建立奇功；他之所以特别欣赏韦应物"秋郊细柳道，走马一夕还"这两句诗，也是因为这两句诗中寄托着自己从军报国、反清复明的志向。

顾炎武所提倡的豪杰精神近乎墨侠。他十分崇仰程婴、公孙杵臼等三晋义士，也十分崇仰荆轲、高渐离等燕赵豪侠。其《义士行》诗云："饮此一杯酒，浩然思古人。自来三晋多义士，程婴公孙杵臼无其伦……一心立赵事竟成，存亡死生非所顾。"诗中热烈讴歌了程婴、公孙杵臼为赵国的复兴而不惜冒着生命危险保护赵氏孤儿的豪侠精神。《推官二子执后欲为之经营而未得也而二子死矣》诗云："生来一诺比黄金，那肯风尘负此心。"诗中所表现的，正是古代墨侠"皆可使赴汤蹈刃，死不还踵"的英雄气概，重然诺、轻生死的道德情操。他的《拟唐人五言八韵》共六首，分别以《申包胥乞师》《高渐离击筑》《班定远投笔》《诸葛丞相渡泸》《祖豫州闻鸡》《陶彭泽归里》为题，歌颂了申包胥、高渐离、班超、诸葛亮、祖逖、陶渊明等历史上的豪杰之士。其中，"明素志"的《高渐离击筑》《班定远投笔》两首诗，最能反映顾炎武的豪杰精神。而顾炎武的《高渐离击筑》一诗，实际上就是借写高渐离来写他自己从事反清的秘密活动的一段人生经历。他悲叹自己因为没有能找到荆轲那样的壮士合作而未能实现其愿望。

为了提倡豪杰精神，顾炎武还盛赞北宋抗辽派的高风亮节和北宋末年金人南侵后志士仁人纷起反抗、临难不屈的大无畏精神，盛赞南宋末年在反抗蒙古人征服的民族保卫战争中英勇献身的豪杰之士。为了把读书人从"半日静坐、半日读书"、"闭门格物"、空谈心性的道学桎梏中解放出来，顾炎武强调："天生豪杰，必有所任……今日者，拯斯人于涂炭，为万世开太平，此吾辈之任也。仁以为己任。死而后已。"

4. 政治思想

以清代明，一个经济、文化落后的边疆游牧民族征服了综合国力相当于它十倍、百倍的先进的汉民族。这一惨痛的历史教训促使先进的汉民族哲人们深刻反思：究竟是什么原因导致了亡国的历史悲剧？大家不约而同地把批判的矛头指向了高度集权的君主专制制度。对于君主专制政体的批判，遂成为明清之际中国早期启蒙思想的时代最强音。顾炎武与黄宗羲、王夫之一样，在批判专制制度和探索政治改革之路方面，做出了重要的理论贡献。

批判君主专制制度。明朝的专制，虽然不及后来的清朝，但在中国君主专制史上，却达到了一个前所未有的高度。明朝的皇帝虽然还不可能做到像清朝帝王那样集"制统"和"道统"于一身，即既当政治领袖又当精神领袖，但明太祖朱元璋通过废除丞相制、三省制和大都督府，实行以君权取代相权、以"三司"取代行省、以五军都督府分掌兵权等加强皇权的措施以后，确实使君主专制制度达到了"收天下之权，以归一人"的程度。再加上设置锦衣卫、东厂、西厂等严密监视臣民的特务组织和镇压机构，鼓励告密，推行文字狱等专制暴政，使皇权专制主义令人畏惧的恐怖气氛几乎无孔不入、笼罩一切。顾炎武对君主专制制度的批判主要集中在以下方面。

第一，他批判了"宁赠友邦，勿与家奴"的反动政治哲学。清朝军事贵族之所以能够入主中原，直接的原因是由于明朝的山海关总兵吴三桂引清军入关来镇压农民起义，由此造成了"三桂借东夷而东夷遂吞我中华"的历史悲剧。这一事实引起了顾炎武的深思。纵观3000年中国政治史，他发现，这种"宁赠友邦，勿与家奴"的反动政治哲学由来已久，它几乎成了3000年君主专制政治史的一大通病。于是，彻底揭露和清算这一反动政治哲学对于民族的危害，就成为顾炎武着重予以解决的一个重大历史课题。

他认为，借"夷狄"的军队来争夺天下，以实现其家天下的一己之私利这一恶劣的传统，是从周武王开始的。周武王姬发为了夺取商朝的天下，不惜借助当时的蛮夷之兵来杀戮华夏民族的人民。此端一开，后世踵相效法。而夷狄之祸之所亦不绝于中国，乃至在历史上多次造成中夏亡国之祸，其根源就在于此。周武王是正统儒家推崇的上古三代的圣王之一，是不容批评的大圣人，顾炎武敢于揭露"自古用蛮夷攻中国者，始自周武王"。这样的胆识除了直斥周武王"恃一人之耳目以弱天下"的王夫之、大声疾呼"为天下之大害者，君而已矣"的黄宗羲以外，在当时几乎是无人能够比拟的。

在《日知录》卷二《文侯之命》条中，顾炎武驳斥了历史学家之所谓"平王中兴"的说法。顾炎武告诉我们：正是周平王宜臼为了与自己的兄弟争夺王位，不惜勾结犬戎，借助犬戎的军队攻入镐京，杀了自己的父亲周幽王和兄弟太子伯盘，才使得西周的典章文物荡然无存，镐京之地尽为西戎所有，而他自己也不得不东徙以自保。这其实是一部华夏民族的败类们为了一己之私利而出卖民族利益、引狼入室、杀害自己的父兄和同胞的耻辱史，哪里说得上是什么"周室之中兴"、什么"继文武之绪"呢？而后来之所以"鲜卑、突厥、回纥、沙陀……不绝于中国"，皆与历代统治者为了维护家天下的一己之私利而不惜借助于外族的力量来争夺天下、平息内乱有关。他认为吴三桂引清军入关，不过是承续了三千年专制统治者"宁赠友邦，勿与家奴"的反动政治哲学的余绪。

第二，他揭露了君主专制"人人而疑之，事事而制之"的统治术。与黄宗羲一样，顾炎武并没有停留于对君主个人道德的批判，而是进一步把批判的矛头指向专制主义之政治体制，揭露这种高度集权专制的制度对华夏民族的生存和发展所带来的严重危害。

顾炎武认为，古代的君王实行封建制，把国土分封给诸侯去治理，虽然有"其专在下"的弊病，但这至少在统治集团内部还是有一点所谓"以公心待天下之人"的意味；后来的君主就不同了，他们的私欲膨胀到了"尽四海之内为我郡县犹不足"的地步，恨不得集天下所有的权力于一身，于是便造成了"其专在上"高度的集权专制。纵观3000年中国政治史，顾炎武认为，"人人而疑之，事事而制之"的专制制度乃是导致民族危亡的根本原因。专制到了没有一个人不被怀疑监视、没有一件事不被掣肘的地步，也就造成了没有一个人"肯为其民兴一日之利"的局面，人民怎么能不贫穷，国家怎么能不贫弱？

顾炎武认为，北宋亡于金，南宋亡于蒙古，都是由于实行了高度的集权专制的结果。他说，皇帝把"一兵之籍，一财之源，一地之守"的权力统统抓在自己手里，但还是不放心，于是又使出了种种"禁防纤悉"的手段，来监视天下的臣民的一切言行举动，恨不得连万里之外人们的謦咳呻动息都要晓得，万里之远的一切事物都要置于他的直接控制之下，并且力图使体制的设置合乎他的这一愿望。这种体制看起来是对帝王有利的，但同时也造成了官员们谁也没有实权，谁也不负责任的局面；一旦外敌大举入侵，还要等待皇帝作处置决断，大片国土早就沦陷于敌手了。靖康之难，金军大举南下，如入无人之境，一举攻克汴京，宋徽宗和宋钦宗都做了金军的俘虏，北宋也因此而灭亡。这一在中国历史上从未有过的国耻，正是专制政治体制造成的。他认为宋朝灭亡的教训，实际上也是明朝灭亡的教训。

　　第三，他揭露了专制政治制度性腐败。顾炎武亲眼目睹了中国传统社会官场腐败、"无官不贿遗"、"无守不盗窃"、"君臣上下怀利以相接"的状况，并试图揭示造成这种情况的原因。他先是把腐败的根源归结为"唯赖诈伪，迭相嚼吃"的恶劣的人性，进而又将腐败的根源归结为"书中自有千钟粟,书中自有黄金屋,书中自有颜如玉"的传统教育，但在进一步探索中，他终于接触到了对腐败的制度性根源的揭示。

　　顾炎武认为，君主专制的政治体制的弊病，首先在于君主的私欲不受任何制约，而君主至高无上的地位，则使得他们的权势欲、贪欲和肉欲恶性膨胀到无以复加的程度，以致给国家和人民都带来了深重的灾难。他以古今度量衡的变化，来揭露君主专制对人民的剥削日益加重的事实。在《日知录》卷十一《权量》条中，他引证了大量的史料来证明古今度量衡的变化，揭露了"三代以后，取民无制，权量之属，每代递增"、"古之权量比之于今，大抵皆三而当一"的严酷现实。他证明，古代的三升相当于隋唐以后的一升，古代的三两只相当于隋唐以后的一两，也就是说，隋唐以后统治者对人民的剥削至少已相当于过去的三倍！更不用说其他的超经济强制式的奴役了。他还对专制统治者穷奢极欲的腐朽生活作了深刻地揭露。他说唐玄宗的时候，宫女的人数竟达到 4 万人之多，这是多么惊人的数字！他认为，历代王朝之所以被人民推翻，其根本原因就在于人民不堪忍受统治者的横征暴敛。

在传统的体制中，他最痛恨的是吏胥制度。传统社会中只有被授以县级和县级以上职务的人才能被称作"官"，而供官驱使，充当书办、衙役、税吏、狱卒的各色人等则被称作"吏胥"。统治者为了维护统治，拼命多设吏胥；而官本位体制所享有的特权，使得人们也削尖了脑袋往吏胥队伍钻。一个县的吏胥竟然有数千人之多，他们"恃讼烦刑苛，则得以吓射人钱"，以其暴虐，济其贪婪，而最痛苦的，就是没有任何官场背景、老实而又善良的广大民众。他们处在官本位体制的重重压迫之下，不仅要供养这只庞大的吏胥队伍，还要受尽恐吓和屈辱，处于有冤无处申的悲惨境地。顾炎武把吏胥制度看作是"养百万虎狼于民间"，认为治理天下最大的愉快，莫过于使这百万只虎狼"一旦而尽去"。

第四，是他揭露了专制政治体制的非道德性。专制政治体制把人不当人。顾炎武说，官员在朝廷上挨打，始于汉明帝时期，后来就有了大官对下级官员实行杖责的制度。在魏晋南北朝时期，身为州刺史的省部级官员而被杖责的也不乏其人，甚至有知道要遭杖责而预先把裤子脱了等着挨打者。在专制制度的摧残下，士大夫已经完全没有人格和廉耻可言了。唐朝略好一些，把打的对象限制在簿尉（大约相当于厅局级和县处级）的官员，但安史之乱之后，就不限于簿尉级别的官员了，州刺史（省部级）的官员也多有被上司当众用棍子打死的。宋理宗淳祐二年三月曾经下过一道"今后州县官有罪，帅司毋辄加杖责"的诏令，可见州县官挨打在宋朝也是家常便饭。至于明朝，除了对官员实行廷杖以外，对待新科进士也像唐朝对于簿尉一级的官员一样施以杖刑。在专制时代，皇帝既把官员不当人，大官们也把小官不当人，官员们更把老百姓不当人。顾炎武认为，这种普遍实行的侮辱人格的制度理应废除。

二是专制政治体制有利于坏人。专制统治者为了维护其绝对权威，需要的是奴才，而不是人才。顾炎武认为，专制主义的法令、治具都是专制帝王为维护家天下的一己之私利而制定的。这种专制法制严密到了"禁防束缚至不可动"，乃至于使人的一切思想和言论都"不能出于绳约之内"的地步，这就必然造成使"豪杰之士无以自奋而同归于庸懦"的结果。大家都是一样的平庸，一样的懦弱，一样的没出息，这正是专制帝王所希望的；也只有如此，专制帝王才可以高枕无忧。所以，他愤怒地谴责专制主义的法制乃是"败坏人才之具"。顾炎武十分重视从制度设置的层面来揭露专制制度是如何造就坏人、并且使坏人能够得到重用的。他指出："人主之立法，常为不肖者之地，而消靡其贤才，以俱入于不肖而已。"皇帝这样做，并不是无意识的，而是有意识地这样做，是主观动机与客观效果相统一的行为，其实质是"消靡天下之人才，而甘心以便不肖"。

三是专制统治者以血腥杀戮来摧毁士人的道德气节，使好人变坏人。明惠帝建文四年（1402），燕王朱棣攻陷南京，被称为"一代读书种子"的侍讲学士方孝孺被执，朱棣令方孝孺为他草拟诏书，方孝孺宁死不从，被朱棣下令以1001刀处死（比以1000刀处死的凌迟之刑多一刀），灭其十族（比通常之所谓灭九族多一族）。除方孝孺之外，南京忠良之士尽遭杀身灭族之祸，只得乖乖地拥戴他做了皇帝，为他文饰罪恶、歌功颂德。"十族诛而臣节变"，这是顾炎武对明成祖以血腥杀戮来摧毁士人气节的严正批判。

第五，他批判了专制政治败坏人才。专制政治败坏人才是实行文化上的专制主义和蒙昧主义的政策来实现的。而这种政策在明朝的实行，就表现为独尊程朱理学以及采取以八股时文取士的制度。对于八股取士制度之败坏人才的罪恶，顾炎武十分悲愤的控诉"愚以为八股之害等于焚书，而败坏人才有甚于咸阳之郊，所坑者但四百六十余人也。"具体地说，其危害性主要表现在以下三个方面。

一是禁锢思想。明成祖永乐十二年（1414）十一月，诏修五经、四书、性理大全，至次年九月三部"大全"成，由明成祖朱棣作序，命礼部刊行天下。三部"大全"由此成为从朝廷的国子监到地方书院乃至乡村社学的钦定教科书，成为科举考试标准答案的依据。对于明成祖为统一思想而实行的这一文化专制主义政策，顾炎武表示了极大的不满。他认为："大全出而经说亡"，经学中本有众多流派，且中国之古学又并不限于经学，"唐时九流百家之士，并附诸国学"。只是因为明朝以程朱理学为统治思想，以八股取士，才导致了古学的废弃。

二是最便于空疏不学之人。他认为现行的科举考试制度之所以最便于空疏不学之人，主要原因在于考试内容。真正的儒者并不是那些诗文写得好的"文儒"，而是懂得如何发展经济、如何巩固国防、熟悉治国用兵之术的人；只以诗文写的好取士，只能导致竞相浮华，造就"惰游之士"。《庄子》中讲了一个故事，说鲁哀公用庄子之言，宣布无儒者之道而身穿儒服者，其罪当死。仅过了 5 天，全鲁国就只剩下一个身穿儒服的人了，鲁哀公召他问以国事，对答如流。顾炎武用这个故事说明，如果科举考试的内容是国计民生、用兵打仗，以是否具备这些知识来衡量是否真儒，并且宣布冒充者要杀头，那么，就没有一个人敢冒充儒者了；同时也只有到了这个时候，真正的儒者，即有真才实学的人才会出现。

三是败坏读书人的心术。他认为科举制度之所以会败坏读书人的心术，主要问题出在两个环节上。一是"纳卷就试"的环节，二是"赴部候选"的环节。科举考试时，实行严格的搜索防奸之法，读书人进考场先要被搜身，以此摧折读书人的自尊心和廉耻之心，造成了"上以盗贼待士，士以盗贼自处"的心灵扭曲或心理变态。读书人在取得科举功名以后，要赴吏部候选，才能获得官职。在这一环节上，所需要的唯一的本领，就是看谁善于钻营奔竞。因此就不用担心读书人没有钻营奔竞的本领；相反，这些人在任何时候都会多于过江之鲫。正如顾炎武所指出的，只要这种体制不变，钻营奔竞的习性就会遗传到一代又一代的读书人身上。

第六，他批判了思想文化专制。清议乃是原始氏族民主制的遗风，是民众表达其对于社会公共事务的意见、议论政教风俗得失、评议官员人品高下的一种自发的方式。开明的君主和政治家对于民众的这种自发参与政治的方式一般皆持比较宽容的态度，如顾炎武所列举的"子产不毁乡校，汉文止辇受言"等等。但历史上也有很多暴君，决不允许有不同的声音存在，如周厉王之监谤、秦始皇之坑儒、东汉之党锢之祸、晚明东林党人之惨遭镇压等等。这种倒行逆施的结果使政治更加黑暗腐败，亦使得统治者民心尽失，由此便导致巨大的社会动乱。正如顾炎武所指出："天下风俗最坏之地清议尚存，犹足以维持一二，至于清议亡，而干戈至矣。"

"清议亡，而干戈至"，是顾炎武对中国历史上一种带有规律性的现象的总结，既是对专制统治者扼杀社会正义呼声的严正批判，也深刻揭露了社会正义呼声与社会长治久安的依存关系。在顾炎武看来，一个社会要健康发展和避免动乱，除了要有权力制衡以外，还要允许不同的声音的存在；即使在政治最腐败的时候，只要民众还能够通过动口来表达自己的心声，政治就还有改良的希望；如果统治者连民众这一和平地表达意见的权利也要扼杀，使得人民再也无法通过正常的渠道来公开地表达自己的意见，那么，干戈就会代清议而兴，整个社会都将为此而付出极为惨重的代价。

顾炎武还以诗的形式来表达他对文字狱的专制暴政的抗议。他在《咏史》中写道："永嘉一蒙尘，中原遂翻覆。名弧石勒诛，触眇苻生戮。哀哉周汉人，离此干戈毒。去去王子年，独向深岩宿。"此时原抄本题做《闻湖州史狱》，诗中以咏史为名，对历史上和现实中的文字狱专制暴政表达了强烈的愤慨之情。五代时，羯族统治者石勒入主中原，明令不准用带胡的字的名称，违者即杀；前秦的皇帝苻坚由于自己偏盲，就下令不准用"残"、"偏"、"只"、"少"等字眼，许多人都因不慎使用了上述文字而遭杀身之祸。以文字来罗织人的罪名，以思想和言论来对人进行迫害，是历史上一切暴虐专制的基本特征，亦是清王朝的基本国策。顾炎武对石勒和苻坚这两个专制魔王的批判，实际上是对一切暴虐专制的政治制度的批判。

在总结明朝覆灭的历史教训、全面揭露和批判 3000 年专制政治体制之弊病的基础上，顾炎武突破正宗儒家纲常名教至上的束缚，提出了具有初步民主色彩的政治改革主张，发表了许多真知灼见。

第一，"周室班爵禄之意"——关于"君、臣、民"政治平等的论说。顾炎武政治思想最富于近代意义的特色，是他关于"君、臣、民"政治平等的论说。在儒家学者中，像他这样论说君主和臣民的政治平等是极为罕见的，这反映了中国传统政治思想近代转型的新动向。

他极力证明，"君"这一称谓原本不是皇帝的专称，而是一个几乎人人可以使用的称谓。他说，中国三代以上就是一个"尊卑之势无大相远"的时代，并不是只有帝王才能称君；至于"必天子而后谓之君"，那是后人把尊卑之势加以人为扩大的结果。《日知录》卷二十四《君》条以大量史料说明，在中国古代的礼制中，"君"的称谓乃是上下之通称，不仅帝王可以称君，诸侯可以称君，大夫可以称君，而且女儿可以称父亲为君，媳妇可以称公爹为君，妻妾可以称丈夫为君，等等。

人们普遍认为，"陛下"是只有皇帝才能使用的尊称。顾炎武说，其实不然，"陛下"在中国古代原本是称呼在宫殿台阶下听候使唤的"执事"之人，只是因为群臣在与皇帝讲话的时候，不敢公然指斥皇帝，就用"陛下"以此来呼唤"执事"之人，让他们把自己的意见转达给皇帝。而人们误以为"陛下"一词是称呼皇帝的，随着时间的推移，居然成了皇帝专用的尊号，隋朝的宇文述借许善心祭陈叔宝文有称"陛下"之语而陷害之，从此以后，就再也没有人敢对皇帝以外的人称"陛下"了。

人们通常认为，"万岁"一词也是皇帝专用的。而顾炎武则告诉我们，古时候人臣也可以称万岁。例如：战国时，冯煖把人民欠孟尝君的债券一把火烧了，人民向着他高呼"万岁"；东汉时，将军马援杀牛酾酒，犒劳全军将士，将士们高兴地欢呼"万岁"；如此等等，都充分说明至少到东汉时代，人臣还是被可以称为"万岁"的。只是由于东汉时期的大奸臣梁冀听说京城的民众向刚刚出狱的李固高呼"万岁"，对他的政敌如此受民众拥戴十分嫉恨，以此为由将李固杀害，从此"万岁"成了只有皇帝才能使用的"非常之词"。

尤为值得重视的是，顾炎武借解释周室班爵禄之义，发挥了君、臣、民政治平等的观点。他说，周室班爵之意，说明天子与公侯伯子男同处于班爵之列，天子也不过是几种爵位中的一种而已，并不是什么天生的尊贵，因而也就"不敢肆于民上以自尊"。周室班爵禄之意，说明君卿大夫、士与为官府服役的普通百姓同处于班禄之列，大家的俸禄都不是"无事之食"；因为他们都在为民众办事，无暇种地，所以才发给俸禄；明白了"禄以代耕之义"，天子就"不敢厚取于民以自奉"。他认为，三代以下之所以会有那么多的侮辱他人人格、掠夺他人财产的君主，就是因为"周室班爵禄"之义不明于天下的缘故。

第二，"人主所患，莫大乎唯言而莫予违"——论封驳制度对君主权力的制衡。总结中国历史上兴亡治乱，特别是明王朝灭亡的历史教训，顾炎武深深感到，君主的独断专行，君主的权力不受制约，是造成政治混乱、吏治腐败和社会动乱的根源。通观历代政治体制设置之得失，为了防止君主的独断专行，顾炎武主张实行分权制衡，即以权力来制约权力，并对君权实行有效地制约。

顾炎武认为，"人主所患，莫大乎唯言而莫予违"。就是说，统治者最大的隐患是他的权力不受制约，他的一切言论和决策都没有人敢提出反对意见。怎样才能使君主的权力受到制约，使人们敢于对君主的言论和决策提出反对意见，并且能够确有成效地制止君主的非理性行为呢？顾炎武从中国历史上发现了"封驳"，即臣僚可以拒绝实行君主的诏令，或将君主的诏令封还驳回。他从春秋战国时期和汉朝历史上发现了许多这样的"封驳之事"。

春秋时期，齐景公三次发布命令，要求管财政的大臣按照他的旨意对官员进行赏赐，管财政的大臣拒不执行；又三次发布命令，要求士师执行他的这一命令，而士师也拒不执行，齐景公无可奈何。汉哀帝要封外戚董贤，丞相王嘉认为不妥，于是便诏书封还。东汉的尚书仆射钟离意也有"掠龙须，捋虎尾"的气概，曾经多次将皇帝的诏书驳回。但顾炎武认为，由于封驳并没有制度化，所以大臣是否有制止君主的非理性行为的气概，还只是依赖与他们个人的品德。倘若大臣们既无良知又无勇气怎么办？因此，只是指望个人的品德是靠不住的，关键在于要把封驳制度化。

顾炎武从唐朝的历史中发现了将封驳制度化的证据：唐代实行三省六部制，门下省给事中担负着"驳正违失"的职责，有权

"涂窜诏敕之不便"，也有权将皇帝的诏令驳回。皇帝的诏令不经过门下省的认可，是不得称之为"敕"的，因而朝野流行着"不经凤阁鸾台，何名为敕"的说法。门下省成为制约皇帝独断专行的一条重要的政治屏障。由于封驳被制度化，官员封驳皇帝的诏令具有合法性，受到了制度的保障，所以在唐朝的历史上就产生了许多以封还敕书而名垂青史的正直官员；由于封驳被制度化，皇帝也不得不尊重门下省的意志，不仅不能借此对封还敕书的官员打击报复，而且为了显示自己的雅量，还要对门下省的官员予以嘉奖。人性的弱点是不喜欢别人违背自己的意志，身居帝王之位的人尤其如此，但只要有了好制度，纵然是再心胸狭窄的人也有雅量了。

第三，"寓封建于郡县之中"——论朝廷与地方的分权。针对明王朝"尽天下一切之权收之在上"的绝对君权对于国家和民族所造成的严重危害，顾炎武提出了"以天下之权寄天下之人"的政治原则。他认为皇权的尊严并不表现在皇帝把所有的权力都掌握在他一个人手中，而是表现在"以天下之权，寄天下之人"，表现在"一命之官，莫不分天子之权，以各治其事"。

总结 3000 年中国政治体制的利弊，顾炎武认为"封建之失，其专在下；郡县之失，其专在上"。为了避免封建制和郡县制的弊病，特别是解决"今日之尤无权者莫过于守令"的状况，他提出了"寓封建于郡县之中"的政治主张，力主扩大地方政府的权力，让郡县官掌握地方上的军民财政等一切大权。他的政治思想的出发点也是"人必有私"的现实人性，根本不相信官员们"为天子为百姓"的道德高言宏论，他认为官员也和百姓一样，只有让他们有利可图，才会尽力为国家办事；只有让官员把社会公共事务当做自己的事情来办，他们才会真心实意地把地方的事情办好。因此，他才主张君主应把权力下放给县令，让县令来"自为"。而且让县令来自为还有一个最大的好处，即一旦有外敌入侵，各地的县令就会拼死守域，从而改变以往那种外敌入侵时如入无人之境的状况。

顾炎武还主张把凌驾于郡县之上的省级、区级的行政机构统统撤销："每三四县若五六县为郡，郡设一太守，太守三年一代。诏遣御史巡方，一年一代。其督抚司道悉罢。"这是一个十分大胆的政治体制改革的方案。可以设想，如果把总督、巡抚、监司、道台等叠床架屋的行政机构统统撤销，那么将会使多少大官丢了饭碗！顾炎武认为，撤销这些机构，各省直接对中央负责，不仅不会降低行政效率，反而会大大提高行政效率，秦汉时代实行的就是这种制度。

顾炎武还主张乡村自治。他认为，"人君之于天下，不能以独治也；独治之而刑繁矣，众治之而刑措矣"。所谓"独治"，就是指由君主专制主义的政治体制来管理乡村的一切事务。在顾炎武看来，这种"独治"所反映的是君主的意志，而不是民众的意志。乡村的一切纠纷都必须诉诸法律，这就导致狱讼繁多，贪官、师爷、书办、衙役、狱卒等各色人物皆可以趁此渔利，以其暴而济其贫，老实善良的民众实在是苦不堪言！要改变君主"独治"所造成的"以刑穷天下之民"的情形，救民众于水火之中，就只有从中国社会的基本国情出发，实行乡村自治，让民众自己解决问题。在顾炎武看来，这就叫做"众治"，因为它反映的是民众自己的意志。

现代民主制度特别重视选举和舆论，把它看做是保证社会健康发展的最重要的两大因素。顾炎武在 400 年前也特别重视"选举"和"清议"，提出了"天下之才皆可由天下之人举而荐之"，以及"政教风俗苟非尽善，即许庶人之议"的主张，这与现代民主政治下的选举和舆论虽然还有很大的差距，但还是有着某种精神实质上的相通之处。

第一，"天下之人……皆可举而荐之"——论选举与扩大民间政治参与。中国传统的用人制度，周代是世卿世禄制度，汉代是乡举里选制，魏晋是九品中正制，隋唐以后是科举制。科举制在隋唐时代确实发挥过积极地作用。但随着时代的推移，其弊病越来越大。明朝实行以八股取士的科举考试制度，更把这一制度的弊病发展到了极致，以至于顾炎武痛斥八股之祸胜过秦始皇焚书坑儒，把以八股取士的科举制度看做是导致明朝灭亡的主要原因之一。鉴于科举制度的严重弊病及其社会危害，顾炎武提出了改革科举制度，实行按人口比例来选拔推荐人才的政治主张。

顾炎武首先提出了"废天下之生员"的主张，也就是秀才。虽然是科举功名中最低的一个等级，但却是整个官本位的政治体制的一个有机组成部分。顾炎武提出了"废天下之生员"的四个理由：一是"废天下之生员而官府之政清"。生员出入公门以干扰官府的政务，倚势以武断于乡里，结交为非作歹的胥吏或本身就是为非作歹的胥吏，把持官府，包揽词讼。二是"废天下之生员而百姓之困苏"。生员与乡宦、吏胥一样，享有免赋免役的特权，于是所有的赋役负担就全部转移到老百姓身上。三是"废天下之生员而门户之习除"。因为这些生员最善于投机钻营，结党营私。四是"废天下之生员而用世之才出"。全国的生员不下 50 多万，但他们只会写八股文，要想从中找到真正有治国用兵之术的人，数千人也没有一个。

顾炎武系统地阐发了"用辟举之法，而并存生儒之制"，即实行按人口比例来选拔推荐人才的选举法，以及改革科举制度的主张。他首先定下了一条总的原则，即天下之人，不管他是不是生员，都可以被举荐到朝廷。传统的生儒之制当然是要保留的，但对这些秀才的名额要加以限制，免得像过去那样，生员太多、太滥，人们瞧不起生员，生员也不知自重。生员中的优秀者，可以直接选送到礼部参加进士考试，不必再经过考举人的环节。考中进士的，只授予他们县级以下的簿尉之职，让他们从基层的小官做起，去体会普通民众的疾苦，以平其贪婪躁进之情。他还主张，选送到礼部参加进士考试的人，并不一定要出自生员，只要是有真才实学的人，都可以被举荐到朝廷去。只有不拘一格选拔人才，才能打破以往取士只出于生员一途的局面。

顾炎武认为，国家选拔人才要做到"考其乡邑之誉"、"众议定其高下"，以保证选拔人才的质量。同时，他认为大臣子弟不应享有从政的优先权。他举例说，北魏孝文帝时，于烈担任光禄勋卿，其子于登援引以往大官子弟恩荫做官的先例，要求授予官职，于烈上表孝文帝，请求将其子黜落，孝文帝认为于烈上表中所说的话是有识之言。顾炎武感叹说，于烈虽然是一介武夫，却如此深明大义，实在是难能可贵。

第二，"政教风俗苟非尽善，即许庶人之议"——论清议与庶民议政。孔子说："天下有道，则庶人不议。"这本来是一个带有原始氏族民主制遗风的命题。可是这一命题却常被专制统治者加以歪曲，对政治的任何批评都被看做是"恶毒攻击"天下无道。顾炎武则恢复了孔子这句话的本意，并由此发挥出主张庶人议政的开明思想。《日知录》卷十九《直言》强调："政教风俗苟非尽善，即许庶人之议。"在顾炎武看来，以中国之大、人口之众，谁又能断言其政教风俗尽善尽美呢？既然不是尽善尽美，又怎么能不允许人民议论呢？

诚然，读书人针砭时弊的言论，民间百姓批评弊政的歌谣，并不总像孔夫子主张那么"怨而不怒，哀而不伤"，那么"温柔敦厚"，毫无锋芒；相反，批评很可能是激烈的，听起来不那么顺耳。难道可以以此为理由来加以禁止吗？顾炎武指出："诗之为教，遂主于温柔敦厚，然亦有直斥其人而不讳者。"这些"直斥其人而不讳"的诗歌，正体现着古老的"《十月之交》诗人之义"，至于孔子删诗而不删针砭时弊的篇章，社会对特立独行、敢于讲真话的人的宽容，就更是"古人风俗之厚"的表现。而后世帝王大兴文字狱，动辄因为思想和言论的缘故对人进行虐待和迫害，乃是因为他们心胸狭隘、缺乏自信，面对他们仅仅代表极少数人利益的权力合法性危机惶惶不可终日的缘故。

他认为古代的圣王为了澄清吏治，不仅以法律来制约官员的行为，而且通过"立闾师，设乡校，存清议于州礼"的形式，让学校来议论政治、评说政治的得失，用舆论监督来辅助法律之不足。他主张"进乡评议辅国是"，"官职之升沈（沉）本于乡评之与夺"，即官员的选拔任免都要倾听群众的呼声，征求群众的意见，这显然是正确的。他说像尧、舜那样的帝王尚且在决策时要征求老百姓的意见，哪里像后世的帝王，任何事情都不必经过民众的同意，却在那里妄称"为民立极"！他反复强调，允许人民议论政治，讨论政治问题，评说政治之得失，为"王治之不可缺"。所有这些观点，都是顾炎武思想中极其宝贵的民主性精华。

5. 经济思想

明代中叶以后，中国社会经济关系的变化，在顾炎武的著作中得到了充分的反映。如何解决经济领域中的非经济因素与商品经济发展的矛盾？如何在新的历史条件下解决中国社会的土地问题、奴婢问题，以及地主与农民的矛盾？如何通过发展生产来推动中国社会商品经济的发展？如此等等，成为顾炎武着重加以探讨的问题。

晚明中国商品经济的发展提出的首要课题是，如何使社会经济生活最大限度地摆脱专制主义的行政权力的干预，使从事社会经济活动的人们最大限度地摆脱专制国家的超经济强制式的掠夺，使私有财产得到保障，使人们得以在法律的保障下自由地从事生产和贸易活动，以推动中国社会的商品经济走上健康发展的轨道。正是在这一问题上，顾炎武总结了晚明社会商品经济发展的经验教训，特别是通过对破坏商品经济发展的非经济因素的分析和相应对策的提出，深刻阐述了"为天子为百姓之心，必不如其自为"的自由经济思想，为中国社会的近代转型作出了重要的理论贡献。

第一，对晚明商品经济发展状况的认识。顾炎武以敏锐的目光，通观明代中叶以来中国社会商品经济发展的大势，在《天下郡国利病书》和《肇域志》两部巨著中，对各地商品经济发展的情况作了详细而生动的记述。例如记晚明苏州手工业和商业发展的情形："居民大半工技，金阊一带，比户贸易，负郭则牙侩辏集，……滨湖近山小民最力穑，耕渔之外，男妇并工捆屦、……织布、织席、采石、造器营生。""吴民不置田亩，而居货招商，闾阎之间，望如绣锦。""东洞庭……编民亦苦田少，不得耕耨而食。并商游江南北，以通齐、楚、燕、豫，随处设肆，博锱铢于四方，以供吴之赋税，兼办徭役，好义急公，兹山有焉。"

顾炎武通过对社会经济生活的考察，清醒地意识到，正是每一个人追求其合理的私人利益的欲望，才是社会经济发展的最直接的动力。在顾炎武的笔下，中国东南沿海的商人也有如同西欧商人那种明知航海危险也要冒死以往的精神："海滨之民，惟利是视，走死地如鹜，往往至岛外区脱之地曰台湾者，与红毛番为市。……官府即知之而不能禁，禁之而不能绝"，"异时海贩船十损二三，及循习于常，所往来，舟无恙，若安澜焉，盖海滨民射利如此。"

顾炎武所论说的徽州商人勤俭致富的精神，与马克斯·韦伯论说的促进资本主义在欧洲兴起的新教伦理精神虽不同但亦具有一些相似之处。他认为，徽州商人们之所以能够致富，首先在于勤俭。他说："新都勤俭甲天下，故富亦甲天下。"

基于对中国社会商品经济发展状况的考察，顾炎武认识到"民享其利，将自为之，而不烦程督"的经济规律，从而鲜明地提出了"为天子为百姓之心，必不如其自为"的近代经济学命题。他说："天下之人各怀其家，各私其子，其常情也。为天子为百姓之心，必不如其自为。"又说："有公而无私，此后代之美言，非先王之至训。"他认为，只有让人民"自为"，而不是让那些口称"为天子为百姓"的官员们来"程督"百姓们如何作为，才能最大限度地激发人们勤劳致富的积极性，促进经济的繁荣发展。

第二，分析了对阻碍商品经济发展的非经济因素。晚明中国社会商品经济的发展，既带来了经济的繁荣，也刺激了专制统治

者的无穷的贪欲，使得商品经济发展与各种非经济因素的矛盾凸
显出来。顾炎武敏锐地意识到这一矛盾，他认为中国社会的商品
经济之所以难以走上健康发展的轨道，主要就是来自各种非经济
因素的破坏和干扰：一是专制统治者对人民的超经济强制式的掠
夺。顾炎武指出："自万历中矿税以来，求利之方纷纷者乃数十
年，而民生愈贫，国计亦愈窘。"天启皇帝的诏书中甚至有"必须
殚力急功尽心搜括"之语。二是专制统治者对某些经济部门商品
贸易的垄断。顾炎武以食盐贸易为例，指出由国家垄断食盐贸易
的主要弊端在于，它只有利于盐吏们大量侵吞国税，又阻碍了食
盐的自由流通，造成了民生的困乏。他说："今日盐利之不可兴，
正以盐吏之不可罢，读史者可以慨然有省矣。"这一论述，与马克
斯·韦伯所论说的儒家士大夫为维护其乱收费的特权而阻挠自由贸
易的观点真可谓不谋而合。三是政治腐败，官商勾结，垄断市场。
顾炎武认为，在阻碍中国社会商品经济健康发展各种非经济因素
中，最关键的因素在于政治腐败。在晚明中国，有一大批利用手
中掌握的权力和资源来从事商业活动、与民争利的官员，有一大
批具有官场背景、并在这种背景下从事不公平竞争的商业活动的
豪绅："自万历以后，天下水利、碾硙、场渡、市集无不属之豪
绅，相沿以为常事矣。"这一势力在很大的程度上垄断了市场，严
重阻碍了民间的自由贸易和商品经济的发展。

　　第三，提出了解决非经济因素与商品经济发展的矛盾的对策。
为了解决上述各种非经济因素与商品经济发展的矛盾，顾炎武提
出了以下对策：

　　一是保障私有财产，取消对民间工商业者实行横征暴敛的税
收政策。他认为，不仅当代之君不得侵犯和剥夺人民的私有财产，

即使是被前代之君所剥夺的私有财产，也得无条件地归还给人民："《隋书·李德林传》：'高祖以高阿那肱卫国县市店八十区赐德林，车驾幸晋阳，店人上表，称地是民物，高氏强夺，于内造舍。上命有司料还价直。'则是以当代之君而还前代所夺之地价，古人已有之矣。又考《后汉书》：'谯元子瑛，奉家钱千万于公孙述，以赎父死。及元卒，天下平定，元弟庆诣阙自陈，光武敕所在还元家钱，则知人主以天下为心，固当如此。"他认为"以天下为心"，既不应是一句空洞无实的漂亮话，也不应当是把天下据为己有的代名词，而应落实到保障私有财产上。

在《读宋史陈遘》一文中，顾炎武借评说宋代史事和总结宋朝灭亡的教训，对专制统治者摧残民间工商业的税收政策予以谴责，认为宋朝之所以灭亡是从对民间工商业者实行横征暴敛开始的。他说："吾读《宋史忠义传》至于陈遘，史臣以其婴城死节，而经制钱一事为之减损其辞，但云天下至今有经总制钱名，而不言其害民之罪。又分其咎于翁彦国，愚以为不然。《鹤林玉露》曰：'宣和中，……命陈亨伯以发运使经制东南七路财赋，因建议如卖酒、鬻糟、商税、牙税，与头子钱、楼店钱皆少增其数，别历收系，谓之经制钱。其后卢宗原颇附益之，至翁彦国为总制使，仿其法，又收赢焉，谓之总制钱。靖康初，诏罢之。军兴，议者请再施行，色目渐广，视宣和有加焉。以迄于今，为州县大患。……其后叶正则作《外稿》，谓必尽去经总钱，而天下乃可为，治平乃可望也。'然则宋之所以亡，自经总制钱，而此钱之兴，始于亨伯。"

顾炎武对宋朝灭亡教训的总结，实际上是对明王朝灭亡教训的总结。他在《日知录》卷十二《财用》条中，更从经济学学理上论述了货币的作用，说明了专制统治者拼命搜刮民财、"独拥多藏于上"的荒谬，同时也说明了君主独"擅天下之利"乃是导致明亡的根本原因。明王朝并非亡于崇祯，而是亡于万历。而万历皇帝最大的弊政，就是实行了对工商业者横征暴敛的税收政策。

二是整顿市场经济秩序，主张行政权力退出市场竞争。针对晚明中国官商勾结、垄断市场的情形，顾炎武主张严厉打击与民争利的"官倒"，禁止官员及其亲属经商。为了使行政权力从市场竞争中退出，他主张采取汉元帝时贡禹所提出的建议："令'近臣自诸曹侍中以上，家亡得私贩卖，与民争利，犯者辄免官削爵，不得仕宦。'此议今亦可行。"为了解决"今日盐利之不可兴，正以盐吏之不可罢"的问题，顾炎武坚决主张食盐的自由贸易，力主撤消设置"盐吏"的"掩耳盗钟之政"。他认为商品的流通有其因"地利之便"的自然规律，不是国法所能禁止得了的；改变由国家垄断食盐贸易的局面，不仅有利于国计民生，而且有利于澄清吏治。

三是主张无地域限制的自由贸易，包括开放海禁，允许民间商人出海开展对外贸易活动。反映商品经济发展的要求，顾炎武继承了晚明学者关于自由贸易的思想，并加以发挥。他主张自由贸易，不仅只是指食盐，而且包括粮食、棉麻、茶叶及其他生活必需品，其贸易是不受任何地域限制的。在《钱粮论》中，顾炎武陈说了海禁政策的危害，指出"海舶既已撤矣，中国之银在民间者已日销日耗"这一事实，说明了海禁政策不利于国计民生的道理。在《天下郡国利病书》中，顾炎武引证傅元初的《请开洋禁疏》，将开放海禁有利国计民生的道理说得最为透彻。顾炎武通过引证文献来说明，只有开放海禁，允许民间开展对外贸易，才能解决东南沿海人民的生计问题和沿海官员勾结"倭寇"、"因缘为奸利"的问题。

论国家权力对于经济发展的作用。在顾炎武看来，在行政权力退出市场竞争以后，国家仍可以对市场经济的健康发展发挥重要的作用，这种作用主要表现在货币政策、税收政策和生产关系的调整等方面。

第一，主张实行统一而稳定的货币政策，既反对"以年号铸之钱文"、币制屡变，又反对"各自行钱，不相流通"的地方保护主义关于货币的流通，顾炎武有很精辟的见解，他在《钱法论》中说："钱自上下，自下上，流而不穷者，钱之为道也。今之钱则下而不上，伪钱之所以日售，而制钱日壅，未必不由此也。"他认为货币的性质乃是"上所操衡万物之权"，铜钱与银的比价稳定（"市价有恒"），则"钱文不乱，民称便焉"，这是明朝开国以后的货币政策的长处；"然至于今，物日重，钱日轻，盗铸云起，而上所操衡万物之权，至于不得用，何哉？"他认为，问题就出在国家只收银而不收钱上，钱流通于下而不流通于上，实际上是国家放弃了对货币的管制，致使盗铸云起、钱不值钱的状况发生。所以他说"莫善于国朝之钱法，莫不善于国朝之行钱"。

为了社会经济的稳定发展，他认为国家的货币政策的制定应该遵循"钱者，历代通行之货，虽易姓改命，而不得变古"的原则，反对以帝王的年号铸之钱文。他认为"尝考之于史，年号之兴，皆自季世"，只有末世君王才热衷于把年号铸之钱文；至于所谓"论今据古，宜载年号"之说，乃是不懂得以货币为"永世流通之术"的愚昧观念。

为了促进商品经济的发展，他极力主张币制的统一，反对地方保护主义的货币政策。反映了打破地域壁垒、建立统一的全国贸易市场的时代要求。

第二，主张赋税政策既要有利于促进商品经济的发展，又要考虑到东西部经济发展不平衡的状况，因时因地制宜。反映商品经济发展的要求，顾炎武对于在商品经济发达地区实行变实物赋税为货币赋税的"一条鞭法"持肯定的态度。《天下郡国利病书》第六册《苏松》的《查一条鞭之故》条说："一条鞭法，最称简便宜捷。"同时又引王锡爵《永折漕粮碑记》所云，说明国家每年转输东南四百万之粟以给京师，劳民伤财，"计十万石之费盖不訾矣"，可谓得不偿失。因此，在东南沿海地区实行一条鞭法"实利于民，亦利于国"。类似的说法还有许多。

但鉴于中国社会经济发展不平衡的状况，顾炎武又认为一条鞭法的实行应该因地制宜，即根据各地经济发展的实际情况来决定是否实行此种税法，不能一刀切。故《钱粮论》中又说："今若于通都大邑行商麕集之地，虽尽征之以银，而民不告病，至于遐陬僻壤，舟车不至之处，即已什之三征之犹不可得。以此必不可得者病民，而卒至于病国。"因此，无论是实行货币赋税，还是实行实物赋税，都应根据当时当地的实际情况，而为"权宜变通之法"。

第三，调整不合时宜的生产关系，解决官田问题、生员问题、私租问题、奴婢问题，废除官本位特权以减轻农民负担，限制地主对农民的剥削，主张以雇佣劳动制度取代传统的蓄奴制度。

一是"去累代之横征，而立万年之永利"——论官田问题的解决。顾炎武理想中的土地制度是北魏的均田制，即按劳动力的多寡来平均分配土地、确保耕者有其田的土地制度。但顾炎武直接面对的是土地进入商品流通领域的新形势，因而他主张实行土地私有制，反对"普天之下，莫非王土"的传统的土地国有制，对于明朝后期实行的承认民间对抛荒官田的实际占有、并依民田例起科的政策持肯定的态度，他认为，只有改革官田重赋的弊政，让人民真正取得对土地的所有权，才能"去累代之横征，而立万年之永利"。

二是"既减粮额，即当禁限私租"——论限制地主对农民的剥削。在中国传统社会中，最苦的是农民，最穷的也是农民。农民贫困的根源，在于地主对农民的残酷剥削。顾炎武目睹农民"至有今日完租而明日乞贷者"的悲惨处境，为了解决中国社会严重贫富不均的问题；明确提出了要限制地主对农民的剥削的主张。他说："国家既减粮额，即当禁限私租，上田不得过八斗，如此则贫者渐富，而富者亦不至于贫。"顾炎武主张禁限私租，可以说是抓住了农民问题的一大关键。

三是"豪横一清，而四乡之民得以安枕"——论以雇佣劳动制度取代蓄奴制度。中国自古就有奴婢制度，明以后情况则有些不同。明代的奴婢，大都是一些为了获得官本位体制的荫庇、自愿卖身投靠的所谓"家人"，此等不顾人格而自愿卖身且有术者，决非良善之辈。这种人之为恶，小则危害家庭："今时士大夫之仆，多有以色而升，以妻而宠。故上有渔色之主，则下必有烝弑之臣。"大则危害国家："严分宜之仆，号曰'鹤坡'；张江陵之仆游守礼，号曰'楚滨'。不但招权纳贿，而朝中多赠之诗文，俨然与缙绅为宾主。……异日媚阉建祠，非此为之嚆矢乎？"他说"人奴之多，吴中为盛。其专恣暴横，亦惟吴中为甚。"鉴于其对社会所造成的严重危害，顾炎武坚决主张废除奴婢制度，以雇佣劳动制度取代延续了三千年的蓄奴制度："有王者起，当悉免为良而徙之，以实远方空虚之地。士大夫之家所用仆役，并令出赀雇募，如江北之例。则豪横一清，而四乡之民得以安枕。"从"身份"到"契约"是从中世纪走向近代的必然途径，顾炎武关于废除奴婢制度，并代之以雇佣劳动制度的主张代表了社会发展的趋势。

晚明中国社会商品经济的发展，尚且处于资本原始积累的阶段，既给社会带来了新的活力，也伴随着它的与生俱来的"原罪"。马克思所说的"不仅有资本主义生产的发展苦着我们，而且有资本主义生产发展不够的情形苦着我们"的情形，在这一时期的中国已初步展示出来。为此，顾炎武作了富有价值的探索。

第一，正确认识商品经济发展的二重性，确认经济发展的优先地位，反对以"道德"的名义阻碍和破坏商品经济发展

正如一切事物都具有两重性一样，商品经济的发展也有其两重性，对此，顾炎武有很深刻的认识。《天下郡国利病书》引《歙县风土论》，把明朝嘉靖前后看做是两个不同的历史阶段，详细记叙了随着商品经济的日益发展所带来的社会风气的变化。从明代开国到弘治年间，整个社会尚且笼罩在一片田园诗般的纱幕之中，"妇人纺绩，男子桑蓬，臧获服劳，比邻敦睦"；到了正德末、嘉靖初，则出现了"商贾既多，土田不重，操赀交接，起落不常"的情形；到了嘉靖末、隆庆间，已是"末富居多，本富益少"、"贸易纷纭，诛求刻覈"的状况；到了万历年间，"金令司天，钱神卓地"这一社会关系变化的本质特征进一步呈现出来，乃至出现了"贪婪罔极，骨肉相残"的局面。在这一发展过程中，"诈伪萌矣，讦争起矣，纷华染矣，靡汰臻矣"，"富者愈富，贫

者愈贫"，这正是一幅处于资本原始积累时期的中国社会的风俗画。

基于以上对道德与经济之关系的认识，顾炎武反对以"道德"的名义阻碍和破坏商品经济发展。例如，杭州素以旅游业发达著称，市民们多赖此为生，可是官府却经常以"整顿风俗"为名，对市民们的商业活动予以取缔。对此，顾炎武在《肇域志》中引用了王士性《广志绎》卷四的有关论述，指出："游观虽非朴俗，然西湖业已为游地，则细民所藉为利，日不止千金。有司时禁之，固以易俗，但渔者、舟者、戏者、市者、酤者，咸失其本业，反不便于此辈也。"在顾炎武看来，杭州旅游业的发展对于经济的繁荣和市民生计问题的解决，具有重要作用。对于杭州市民来说，从事与旅游相关的商业活动就是他们的"本业"。可是官府却以整顿风俗为名来破坏市民的生计，进而阻碍了商品经济的发展。他的这一观点，显然是合乎当时中国经济发展大趋势的明达之论。

第二，确认贫穷为中国社会的最大忧患，须以生财之方为立国之本，主张通过发展农业、畜牧业和手工业来推进商品经济的发展

他认为中国社会是苦于经济的不发展："今天下之患，莫大乎贫。"而一切社会问题的解决，最终都只能通过发展生产的途径。因此，他十分注重经济发展问题的研究，把"生财之方"看作是与用人行政同等重要的立国之本。

他主张通过发展农业、畜牧业和手工业来推进商业的发展。其《田功论》说："今天下大富有二，上曰耕，次曰牧，国亦然。"他曾经进行过农业的股份合作制的资本主义经营方式的试

验，并试图通过这种试验来推进农业生产技术的改良。他曾与傅山、李因笃、朱彝尊等二十余人集资垦荒于雁门关之北，并亲为筹划经营。

在发展经济的问题上，他也不相信官员们"为天子为百姓"的高言宏论，他认为官员们也和老百姓们一样，只有让他们有利可图，才会实心实意地致力于发展地方经济。因此，他主张君主应把权力下放给县令，让县令来"自为"。他认为，衡量县令是否称职的根本条件是人民安居乐业，对于县令之称职者，"赏则为世官"；对于不称职者，"罚则为斩绞"；这样，县令们即使只为其私人利益考虑，也会"勉而为良吏"。县令们在发展农业和畜牧业的同时，还应致力于发展采矿业。他主张藏富于民，地方的富裕即是国家的富裕，国家不必与地方争利："利尽山泽而不取诸民，故曰此富国之策也。"

第三，正视中国大地上自然生态环境遭到严重破坏的现实，认为经济的发展必须以尊重自然规律、维护自然界的生态平衡为前提

他根据历史事实来证明，黄河流域生态环境的破坏并不是由于自然的变迁，而是由于人为的因素所造成的："河政之坏也，起于并水之民贪水退之利，而占佃河旁汙泽之地，不才之吏因而籍之于官，然后水无所容，而横决为害。"他以五代、宋、金三史的史料记载说明，山东梁山水泊本有方圆八百里的水面，而到了明末清初，却只剩下方圆十里的面积了，可见黄河流域自然生态破坏之严重，而这种破坏，皆是由于人与水争地所造成："非河犯人，人自犯之。"顾炎武的这一精辟概括十分深刻地说明了尊重自然规律对于人类生存和发展的重要意义。

鉴于自然环境遭到破坏的既往教训，顾炎武力主在致力于经济发展的时候必须尊重自然规律。他说："古先王之治地也，无弃地，而亦不尽地。田间之涂九轨，有余道矣。遗山泽之分，秋水多得有所休息，有余水矣。是以功易立而难坏，年计不足而世计有余。"他引证孔子关于"无欲速"、"无见小利"的教诲来告诫人们，要有长远的眼光，不可"一以急迫之心为之"，不可因一时之小利而忘万年之大计。顾炎武的这一观点，对于我们正确处理经济发展与保护自然生态环境的关系、探寻可持续发展的途径，仍具有重要的现实意义。

顾炎武在哲学上的经验主义立场，使他能够冷静地分析国情，正视商品经济的发展及其所带来的各种新的社会矛盾，提出了一系列有利于促进商品经济发展的新的经济主张，具有重大的历史进步意义，在很大的程度上突破了中古传统，反映了中国社会开始其近代转型的发展趋向，表现了"新的突破了旧的"的时代特征。然而，顾炎武的经验主义也在一定程度上限制了他的经济思想的进步性。

6. 文学思想

顾炎武的文学思想，继承和发展了晚明性灵派关于诗歌要表现真性情的观点，在提倡文学家的社会使命和责任、倡导文学作品的社会批判精神方面提出了许多重要的见解。

宋代以来，道学家评论文学作品"以理为宗"，故对于反映人的感性生活欲求的作品、特别是反映男女情爱的作品"必以坊淫正俗之旨严为绳削"，如朱熹的弟子王柏删《诗经》、真德秀删《古诗十九首》等等。对此，顾炎武提出了颇为严正的批评。顾炎

武从存列国之诗以观民风的观点出发，认为孔子对于列国之诗兼
而存之的做法是正确的。《诗经》中的《桑中》之篇、《溱洧》
之作，都是反映人民自由情爱生活的作品。在文明史的初期，情
感与道德、理性的冲突，是以在特定的节日中恢复旧时自由的两
性关系来补偿的，即使在中国早期儒家经典中也有这样的记载。
《周礼·媒氏》："中春之月令会男女，于是时也，奔者不禁。"这
种母系氏族公社群婚习俗的孑遗，当时在国中还相当普遍：楚有
云梦，宋有桑林，魏有桑间，濮上之风等等，就像是古希腊的酒
神节一样。他不否认《诗经》中的《桑中》《溱洧》等诗篇是
"淫奔之作"，但他认为即使是淫奔之作也不是不可以保存，因为
要做到"使四方之风有贞而无淫"是不可能的。孔子把反映这种
风俗的诗篇保存在《诗经》中，正是为了反映当时社会生活的真
实状况。因此，他批评朱熹一派的道学家为"后之拘儒"，说他们
由于不明白这些道理，才会说出"淫奔之作，不当录于圣人之经"
这样的蠢话来，就像唐朝的太子李弘说孔子不该把商臣弑君这件
事记载在《春秋》中一样。

　　如果说以上论述还只是就诗歌所具有的"观民风"的认识功
能而对孔子保存"淫奔之作"予以肯定的话，那么，他对真德秀
删削《古诗十九首》的批评，就不仅是立足于诗歌所具有的认识
功能，而是立足于诗歌的"情感—审美"本质来立论了。他说，
《古诗十九首》乃是对《诗经》"国风"之义的继承，其中所反映
的人们的情感和追求，都可以在《诗经》中找到；人们不仅可以
从《古诗十九首》中看到汉代的风俗，而且可以与《诗经·国风》
的比较中看到那永远也不可泯灭的古今人性的相通之处。而道学
家评论文学作品"以理为宗"，必欲把反映人们感性生活追求和情

爱的作品排斥于所谓"文章正宗"之外，这正是其一大弊病。"以理为宗"必导致"执理太过"而"失国风之义"，因而"不得诗人之趣"。

道学家对于《诗经》中描写女性容貌美的作品极为忌讳，往往对这些诗篇加以曲解。如《诗经·国风·何彼秾矣》一诗，就被说成是"讥刺"之作。顾炎武对这一观点进行了驳斥。他认为，古人以描写女子的容貌姣美、姿色艳丽来象征妇女美好的德行，所以《诗经》中的《硕人》之篇描写女人的美丽简直是无所不极其形容；《野麕》之篇也赞美"有女如玉"；从汉魏到唐朝，仍然有大量的赞美妇女姿色的文章，如江淹的《丽色赋》、张说的《唐昭容上官氏文集序》等等，就是十分著名的篇章，即使在十分庄重的碑文中也是如此。哪里像宋代以下之人，以描写女人的姿色为忌讳呢？顾炎武对宋明道学的这一批评，不仅反映了他对文学作品的"情感—审美"本质的认识，而且具有反对宋明道学把妇女物化成为生殖工具的伦理异化的积极意义。

顾炎武继承了晚明学者对复古文风的批判，对复古主义文风展开了更为深入彻底的批判。他说："近代文章之病全在摹仿，即使逼肖古人，已非极诣，况遗其神理而得其皮毛者乎。"他认为，只有立意能出古人范围之外，才是具有独创性的作品。

他要使学者心智的创造力和创作个性从一味模仿古人的偶像崇拜中解放出来。他规劝一位诗学杜甫、文学韩欧的友人说："君诗之病，在于有杜；君文之病，在于有韩欧。有此蹊径于胸中，便终身不脱依傍二字。"在顾炎武看来，杜甫之诗，韩愈、欧阳修之文，当然都有很高的造诣，甚至是那个时代不可企及的典范，然而却不可以作为后世模仿的对象，一来所处的时代不同，二来学者亦有其个性差异，纵然模仿得极像，不过是得其皮毛而遗其神理的假古董而已，毫无价值可言。

为了彻底廓清复古文风的消极影响，顾炎武进而探讨了文学发展的规律性。他认为，文学的体裁、语言和艺术风格总是时代的反映，文学的发展也与社会的发展一样，有其内在的必然规律：从《诗经》到《楚辞》，从楚辞到汉赋，从汉魏的五言诗到六朝的骈体文，再到唐朝的诗歌和古文复兴运动，是一个"诗文代变"的必然历史过程，犹如社会发展过程中一定要贯彻下去的必然趋势一样。这就决定了一个时代有一个时代的文学，不同时代的文学有不同的体裁和艺术风格。既然人们心灵中所要表达的思想感情已经伴随着时代的推移而发生了变化，文人学者们还要模仿古人的那些过时的语言来写作，不就是一件十分迂腐可笑的事吗？

顾炎武并不否认文学作品的体裁、语言和艺术风格有其历史继承性，今人的作品必有与古人相似之处；但从创造性的方面来看，今人的作品又必然不似古人。顾炎武以诗歌创作为例，对"似"与"不似"的辩证关系作了深刻论述。他说，在诗歌创作中，完全不顾传统的体裁和规范，一味追求"不似"，就会"失其所以为诗"；而一味模仿古人，无论在语言和风格方面都追求与古人相似，"似"则似矣，然而则"失其所以为我"。因此，真正的创作必须善于在"似"与"不似"之间保持必要的张力。他说在唐朝的众多诗人中，李白和杜甫之所以能够出乎其类、拔乎其萃，就在于他们特别善于处理继承和创新的关系，是善于在继承前人的基础上充分发挥自己的创作个性、在诗歌中表现自己的独特自我的人。顾炎武坚决反对专制统治者以所谓"定格"来束缚文人

学者的思想和才华，呼唤勇于冲破束缚的"俊异之才"和自由表达思想的优秀作品。他认为文章本无定格，凡是能够"独出千古"的好文章，都是不受任何格式束缚、自由表达自己思想的论说。他说汉朝的晁错、董仲舒的对策之所以写得好，就在于汉朝并没有给读书人如何写文章规定任何"程文格式"。因此，只有彻底破除束缚人的思想的程文格式，让人们自由地表达自己的思想感情和创作个性才能改变文坛上江河日下的腐朽风气，造就不同凡俗的俊异之才，产生独出千古、具有不朽价值的文学作品。

论文学的社会使命和责任。特别重视文学的社会使命和责任，是顾炎武文学创作理论的一大特色。他认为要使文学能够承担起自己的社会使命和责任，就必须造就具有非凡"器识"的学人。他提出了"文须有益于天下"的创作主张，呼唤文学家道德担当的勇气和社会批判精神。

（1）"士当以器识为先"——论"器识"与文学的关系。文学作为人的精神的对象化活动产物，是直观文人学者精神气质的一面镜子。文人学者的胸怀是否宽广，眼界是否高远，气度是否恢弘，学术是否纯正，品行是否正派，见识是否深刻，才华是否卓著，如此等等，都会反映到文学创作中来，这就是所谓"文如其人"的道理。文人们能否写出好文章，首先并不在于才气和写作的技巧，而在于是否具有高卓的精神境界、博古通今的学识和无私无畏的道德担当的勇气。

针对晚明华而不实的文风，顾炎武提出了他的"器识"论，特别强调"士当以器识为先"。这一命题直接来自宋朝的刘挚。而刘挚的"士当以器识为先"的说法，又来自唐朝人裴行俭的"士之致远，先器识而后文艺"这句话。但他们三人所讲的器识内涵却有很大的不同。

顾炎武所讲的器识，与裴行俭讲的器识根本不同。《旧唐书》说吏部侍郎裴行俭"尤晓阴阳算术，兼有人伦之鉴"，他能够看出一个人是否是"享爵禄之器"，是一个善于预测他人官运是否亨通的人。他一见到王勮和苏味道，就说这两个人官运不错，但他对后来被称为"初唐四杰"的王勃、骆宾王、杨炯、卢照邻等人的预测却不佳，说："士之致远，先器识而后文艺。勃等虽有文才，而浮躁浅露，岂享爵禄之器耶？杨子沉静，应至令长，余得令终为幸。"后来这些人的命运果然都应验了裴行俭所说的话。裴行俭这里所说的器识是他之所谓"致远"，即在官场上飞黄腾达的器识。

顾炎武的器识论，比刘挚所讲的器识具有更为丰富的内容。刘挚认为，只有"性忠实而才识有余"者方能称得上有器识，颇近于今日之所谓"德才兼备"的意味。顾炎武则对器识的内涵作了多方面的具体规定。首先是经学素养。他认为读书人应该精研"六经"，否则，其才华就会像地面上的小水坑一样容易干涸。其次是史学素养。他认为读书人应该博通古今，否则就会像牛马穿上了一件人的衣服一样。再次是使命感、责任感和实践能力。不能只会写文章，而应关心社会，关心时事政治，善于审视和解决时代所提出的问题。只有合乎上述标准才算是有器识。从"士当以器识为先"的观点出发，他强调读书人一定要有思想、有血性、有骨气。他说："苟其人性无血，心无窍，身无骨，此尸行而肉走者矣。"

他认为读书人应该有"救民于水火之心"，著书立说应该有益于指导社会实践，解决时代所提出的问题。他说学者虽然不能像政治家那样直接从事各种社会活动，但却可以像孔子一样，以自己的思想和学说来指导政治家的社会实践，让政治跟着学术走。他继承了柳宗元所倡导的"文以明道"的传统，主张以文章来"明道教人"，以政治家为教导的对象，以发挥其指导社会实践的作用。而要做到这一点，就要敢于直面社会现实，对"当世之所通患"进行揭露和批判，并提出自己的政治主张或解决现实社会问题的方案。

(2)"《十月之交》诗人之义"——论文学作品的社会批判精神。中国的文学家历来就有两种传统：一种是为专制统治者歌功颂德、粉饰太平的传统；另一种是揭露和抨击社会黑暗现象的现实主义传统。中国历代正直的学者和文学家，都是富于社会批判精神的后一种传统的代表者。孔子谴责"苛政猛于虎"；孟子愤激地揭露："庖有肥肉，厩有肥马，民有饥色，野有饿莩，此率兽而食人也"；杜甫以"穷年忧黎元"的深广人道情怀，把世上疮痍、民间疾苦化作诗中圣哲、笔底波澜，写下了"朱门酒肉臭，路有冻死骨"等许多富于批判精神的诗章。顾炎武的诗论，正是对这一优秀传统的继承和弘扬。

传统诗教的"温柔敦厚"之义，要求人们纵然对社会现实不满，也必须做到"怨而不怒，哀而不伤"。可是顾炎武却有不同的看法，他以《诗经》中批评师尹、批评周幽王和周厉王、批评皇父卿士和番维司徒等等的诗句表明，《诗经》中多有"直斥其人而不讳者"，而古人却不以为嫌；而屈原在《离骚》中亦直斥楚怀王的少弟司马子兰和楚国大夫子椒；杜甫在《丽人行》中亦直斥唐玄宗因宠爱杨贵妃而重用其兄杨国忠、并封其姐妹为虢国夫人和秦国夫人的昏庸行为。顾炎武认为，这正是深得《诗经·小雅·

十月之交》之"诗人之义"的表现。至于孔稚珪的《北山移文》和刘孝标的《广绝交论》等等,对当时的达官显贵或明斥、或暗讥、或规劝、或讽喻,皆直抒胸臆,畅言无忌。对此,顾炎武认为"此皆古人风俗之厚"的表现,不似当今文人学者对权势者谄媚工谀,对无权势者冷眼相看的浇薄。

唐朝大诗人白居易以写作政治讽喻诗著称,以致"执政者扼腕,握军要者切齿,权豪贵近相目而失色"。而顾炎武则认为白居易是真正懂得作诗之旨的人。他还引证了晋朝的葛洪在《抱朴子》中所说的一句话:"古诗刺过失,故有益而贵;今诗纯虚誉,故有损而贱。"认为富于社会批判精神的作品,才是真正有益于社会的,它体现着作者的高贵人格,因而值得珍视;而那些为专制统治者歌功颂德、粉饰太平的作品,只能对社会有害,亦足见作者人格之卑劣,只能被人们唾弃。

顾炎武最痛恨读书人作向权势者献媚的文章,对这一卑劣的行为加以愤怒的鞭挞和无情的谴责。他说在世俗的眼光看来,只有那种八面玲珑、四面讨好、工于向权势者献媚的读书人,才能被称为"通人";而在顾炎武自己看来,这种所谓"通人"其实是"天下不仁之人",是厚颜无耻的人,是巧言令色、丧失了人之所以为人的基本品格的人,是败坏社会道德风气的人。他认为,只有具有"天下之大勇"的真正的志士仁人,才能抵御这种恶劣的学界风气,而这正是真正的学者所应具有的道德人格。

(3)"立言不为一时"。中国古人重"时"。但对于"时"的不同理解却可以引申出完全不同的人生态度,对于以"立言"为安身立命之宗旨的文人学者来说,就会产生两种完全不同的写作态度。一种是统治者需要什么就写什么,以文章去迎合统治者一时需要来换取功名利禄。八股文之所以被称为"时文"就在于此。孔子之所谓"小人喻于利",用在这里乃是最合适不过的。另一种是面对专制统治者倒行逆施、无耻文人助纣为虐的昏天黑地,以沉着坚定的目光透视时代发展的必然趋向,为解决时代发展所必然提出的问题去思考、去写作,而不管这样做是否能给自己带来现实的利益。孔子之所谓"君子喻于义",此之谓也。

顾炎武主张"立言不为一时"。他说:"天下之事,有言在一时,而其效见于数十百年之后者。"例如三国时司马朗有实行均田制度的论说,当时未能实行,但百年之后的北魏就实行了,并且一直延续到隋唐时期;北齐的文襄王有铸五铢钱以统一货币的议论,当时不能实行,但到了隋文帝时却实行了,并且直到宋朝还在仿行此种币制;元朝初年的虞集建议在北方沿海"筑堤捍水为田"以解决当地人民的生计问题,这一建议当时未能实行,但到了至正年间却实行了。根据这些历史事实,顾炎武感叹地说,"呜呼!天下之事,有其识者,不必遭其时;而当其时者,或无其识。"他说,那些活着时很受统治者赏识的人,往往是一些无见识的阿谀奉承之徒;而那些有独立思想的人,却往往是生不逢时,免不了要遭到种种的坎坷、挫折,甚至迫害。然而,真正对国家和民族有益,具有"开物之功,立言之用"的价值的,正是那些具有独立的思想见识却不被短视的统治者所赏识的人。

纵观历史,顾炎武强调学者立言贵在独创"其必古人之所未及就,后世之所不可无,而后为之"。他认为孟、荀、老、庄、管、商、申、韩等学者皆能自成一家之言,因而在历史上有其不朽的价值。他在《日知录》中,多次引用被孟子斥为"无父"和"禽兽"的墨子的言论,多次引用与朱熹学说相对立的事功派学者叶适、陈亮等人的言论，充分肯定这些一家之言的独特价值。顾炎武强调，学者著书要著前人所没有著过、后世所不可缺少的书。这就要求学者具有独立的思想和立言不为一时的自由人格，充分发挥自己的创造潜能，勇敢地表达自己独特的思想见识。

四、顾炎武思想的历史地位和历史命运

1. 历史地位

对中国哲学史的贡献。顾炎武的哲学思想可一言以蔽之曰：对程朱陆王的双向扬弃和在更高的基础上向先秦儒学的复归。他改造程朱理学，吸取其"道问学"的合理因素而据斥其先验本体；扬弃陆王心学，吸取其"致良知"这一"圣学千古之秘"（冯从吾语）而排斥其末流之空疏放纵；融程朱之"道问学"与陆王之"尊德性"于一炉而陶冶之，由此而形成其即体即用、即本体即工夫、"明体适用"的哲学观。其学术宗旨曰"博学于文，行己有耻"："博学于文"是对程朱之"道问学"的改造，认识的对象不再是体验无所不在的"天理"本体，而是人类面对的自然世界和历史文化世界，从而扩大了认识的对象和范围，并由此开辟了中国哲学的认识论方向；"行己有耻"是对陆王"尊德性"的肯定式的扬弃，把道德践履限定在出处进退取受辞让的范围之内，而不讲"致吾心之良知于事事物物"的泛道德主义，由此开辟了中国哲学伦理学的日常生活批判的转向。在"博学于文"和"行己有耻"的关系上，他强调"士必先言耻"，与陆王之"先立乎其大者，而后使之博览"相同。可见，其名为尊朱，其实反而更接近于陆王。

顾炎武的本体论思想，既是从《易》学中发挥出来，又是对张载的元气本体论的继承和发展。他以物质性的"气"为世界之本原，以气之聚散来解释万物的生灭成毁，并以此说明一切具体事物存在的有限性和相对性；以"气"之感应来说明事物之间的相互联系，并以此来揭示事物之间同类相感的必然性；以"气"之盛衰和聚散来说明精神现象的存在和消亡，由此而发挥出一整套"唯物"、"唯变"的哲学见解。从这一学说中，他引申出"非器则道无所寓"的道器论，为自强不息、与时偕行的实践观提供了哲学形而上的依据；也从这一学说出发，他发挥出"有恒"的思想，为坚守民族气节、奉常以处变的个人道德践履提供了坚定的信念。

顾炎武的认识论在某种程度上仍带有传统的格伦理之物、致道德之知的意味，但他还有许多超出了传统的认识论范畴的论述。他在认识论上的一个首要的和突出的贡献，就在于他不仅重视道德伦理的知识，而且还十分重视对于自然的科学认知，要人们去探求天文、地理、数学、声学等学科的知识，把精通天文学看作是"学究天人"的必由之路。在感性认识与理性认识的关系上，他主张要善于把对于事物的感性认识和杂多的知性认识，经过"观其会通"的思维工夫，运用归纳的方法由博而返约，将其上升到理性认识的高度。同时，在认识的过程中，还要善于运用演绎的方法，"举本以该末"、由抽象到具体的认识方法。他明确认为，离开了"多闻"、"多见"的认识和实践活动，就不可能有由博而返约的理性认识，更谈不上对于天道人事有任何卓越的见识。

他深知真知难求，个人的认识能力实在有限，所以他总是充满着一种对于在认识中很容易犯错误的"理性幽暗意识"，反对"执一而不化"、"果敢而窒"的独断论，把认识看作是一个无穷的发展过程。他的认识论思想，有力地针砭了晚明读书人"山间林下，三三两两，相与讲求性命"的把哲学贵族化倾向，向人们展示了一个真正"究天人之际，通古今之变，成一家之言"的广阔知识天地。

在认识社会发展的辩证规律面前，顾炎武同样做出了卓越的理论贡献。他从事物的共时性存在的方面看到了差异和矛盾的普遍性，"物之不齐，物之情也"，不可能用一种尺度去要求事物一一齐同，消解事物的差异和对立；从事物存在的历史性方面，他看到了自然界和人类社会的发展都是有规律可循的，"造化人事之迹有常而可验，变化云为之动日新而无穷"。他把这一辩证发展的观念运用于社会历史领域，提出了"天下之势而已矣"、"势有相因而天心系焉"的历史演化观，主张认识"相因之势"，探询"势"之所以形成的因果关系和其中的辩证转化的环节，并由此得出了"圣人以人占天"、"势有相因而天心系焉"的哲学结论。他预测到，在历史的发展中，似乎隐然有一个先肯定、再否定、再否定之否定的规律在起着作用，社会的发展有一个由"质"到"文"、又有一个在更高的基础上向着"质"复归的倾向，只有通过发展经济，使社会的物质财富极大地丰富起来，从而使人们不需要"机智"和"奸伪"就可以满足其对于"厚生"的要求以后，才有可能使人性在更高的基础上重返原始的淳朴。基于对社会发展规律的考察，顾炎武从《周易》中发挥出"过中则变"的"时"与"变"之义。他从时代的变化和"百王之治至殊"的历史事实中看到，"天下之变无穷，举而措之天下之民者亦无穷"，认为传统的制度已"居不得不变之势"，并由此总结出"通变宜民"、"唯变所适"的辩证法则。

如果说王夫之是明清之际早期启蒙思潮的哲学代表、黄宗羲是早期启蒙思潮的政治学代表的话，那么，顾炎武就是早期启蒙思潮中最杰出的历史学代表。他的三大奇书《日知录》《天下郡国利病书》《肇域志》，对于历史地认识中国国情，至今仍具有极其重大的现实意义。在史学思想方面，他具有三大杰出的贡献。一是他继承了前辈学者王阳明、李贽、钱谦益提出的"六经皆史"的思想并加以发展，在中国史学史上第一次对"六经皆史"的命题做了具体论证，试图建立以史学统摄经学、经史合一的历史科学。他不仅通过"读九经自考文始，考文自知音始"的论说而开创了清代经学研究的语言学转向，更以对于"六经皆史"的史实论证而开创了清代经学研究的历史学转向。他对《易》学源流、《尚书》学源流、三《礼》学源流的考证，对于汉唐儒家经学历史地位的重新认识等等，不仅体现了他的经学研究的鲜明的历史主义特征，而且多有特解，有力地驳斥了宋儒从"道统论"出发对汉唐儒学所做出的非历史主义的否定。二是在历史学方法论方面，他反对以政治伦理的原则凌驾于实事求是的原则之上，赋予实事求是原则以价值中立的本质属性，努力为近代实证主义史学奠定方法论基础。他认为《春秋》本是"纪实"之书、"阙疑之书"，孔子作《春秋》的方法只是"多闻阙疑，慎言其余"8个字，而所谓"春秋笔削大义微言"的说法不过是误解孔子之意的"郢书燕说"。只有按孔子作《春秋》时所使用的史学方法去理解《春秋》一书，才是一种"甚易而实是"的方法；从《春秋》去寻找什么

"笔削大义微言"，则是一种"甚难而实非"的方法。基于对《春秋》的以上认识，顾炎武主张，要尊重历史事实，坚决反对以政治理论的需要去歪曲历史，主张在史学研究中贯彻价值中立原则。他敏感地意识到，"史策所载，未必都是实录。"为了廓清历史中的谎言，据实恢复历史的本来面目，他提出了考辩史实真伪、订讹补缺的多重考据法，包括将正史的纪传表志互相对勘的方法，以野史与正史相互参订以寻求历史真实的方法，借助金石铭文等文物资料及对历史遗迹的田野调查来为史书订讹补缺的方法等等。三是在历史学价值论方面，他认为历史学具有"鉴往训今"、"引古筹今"、"稽天成德"三大功能。"鉴往训今"是为了总结历史经验，从中获得有益的教训；"引古筹今"是为了从历史中吸取论道经邦的智慧，来解决社会发展所提出的现实问题；"稽天成德"是为了认识历史发展的规律，不断完善人文化成的历史文化世界。

与中国传统的主流伦理学说相区别，顾炎武的伦理学说不具有道德理想主义的特征。他不是从"至善"的道德理念出发，而是从现实的人性和社会生活的实际出发，来探讨最合乎人性和社会发展的切实可行的道德伦理规范。这是顾炎武的道德伦理学说与宋明理学相区别的最显著的特征，是中国传统伦理学从道德理想主义向着经验主义或现实主义转型的一个重要标志。顾炎武的道德伦理思想具有以下重要特点：一是他不像宋明道学家那样，讲所谓"存天理，灭人欲"，而是肯定人们"私"和"欲"的存在都具有一定程度的合理性；不讲"饿死事极小，失节事极大"的道学说教，而是讲"不能使天下无再适人之妇"和先王的"恤孤之仁"。二是他从现实的人性和社会生活的实际出发，对儒家传统的道德观做了一系列重要的修正。他反对"爱有差等"说，尤其反对将这一学说运用于社会公共生活所导致的庸俗关系学；反对孟子所说的"穷则独善其身"的观点，认为"穷而在下位者"亦有救世之责；他反对不切实际的空洞说教，而给人们预设了一个"行己有耻"的道德底线。他对中国人的"窝里斗"的劣根性尤为深恶痛绝，并由此而探讨社会生活的理性化之路。三是他反对朱熹所说的对"狂者"要加以裁抑的观点，认为"大凡豪迈亢爽之人易于入道"，主张带有个性解放意味的豪杰精神。所有这一切，都是顾炎武的道德伦理思想中值得重视的近代性因素。

由于顾炎武特别重视社会实际的考察，因而对社会生活中的弊病有更为深刻的认识，从而能够在理论上对道德和经济发展、道德与政治制度的关系多创特解。这对于当今中国市场经济条件下的道德建设，依然具有不可忽视的借鉴意义。

在政治思想方面，顾炎武的政治思想具有三大理论特色。一是在批判历代统治者奉行的"宁赠友邦，勿与家奴"的反动政治哲学的基础上，确立起民族利益至高无上的政治原则。纵观3000年中国政治史，顾炎武发现，这种"宁赠友邦，勿与家奴"的反动政治哲学由来已久，它几乎成了3000年君主专制政治史的一大通病。于是彻底揭露和清算这一反动政治哲学对于民族的危害，就成为顾炎武着重予以解决的一个重大历史课题。在这一方面，无论是黄宗羲还是王夫之，都没有像顾炎武这样花费大量的笔墨，它构成了顾炎武政治思想的一个最显著的特色。他的民族利益至上的爱国主义政治思想，对于针砭以一家一姓、一党一派之私利凌驾于民族利益之上的自私狭隘的阴暗心理和陈腐观念，唤起国人的爱国心，具有十分重要的意义。二是不再从儒家的性善论出

发讲"修齐治平"的传统政治哲学，而是从现实的人、尤其是从皇帝和官员们的"私"和"欲"的现实存在出发，来探讨有效防止政治腐败的理性化的制度建设之路。传统的政治思想要人们天真地相信，官员们只要加强道德修养，就可以只干好事而不干坏事，《大学》之所谓"三纲领"（亲民、明明德、止于至善）、"八条目"（格物、致知、诚意、正心、修身、齐家、治国、平天下），就是传统政治哲学的集中表述；而顾炎武的政治哲学则不同，他是从现实的人、尤其是从皇帝和官员们的"私"和"欲"的现实存在出发，来探讨有效防止政治腐败的理性化制度建设之路，包括分权制衡、法制建设和"以名为治"的制度设置等方面。三是确认每一个人的合理的私人利益，以此为前提来探讨如何"合天下之私以成天下之大公"的途径。除了基于帝王和官员们的"私"和"欲"而主张实行权力制衡的制度化建设以外，他还紧紧抓住了确保政治体制健全运作的另外两个关键的因素，即"选举"与"舆论"。"天下之才皆可由天下人举而荐之"的选举，被他看作是人才兴国的一大要务；而"政教风俗苟非尽善，即许庶人之议"的社会舆论监督作用，则被他看作是弥补体制内的权力制衡之不足的又一种权力，把它看做是保证政治清明和国家长治久安的至关重要、不可或缺的因素；并且将此二者也纳入了制度化建设的轨道，成为他的政治思想的重要组成部分。

当然，他在进行这些新的理论探索的时候，没有抛弃传统政治哲学注重道德修养的合理因素，而是将其纳入他的新的理论框架之中。尽管他在解决上述问题的具体论述中仍不免带有"药方只贩古时丹"的托古改制意味，但其思想的精髓和意义却从根本上超出了传统政治哲学的范畴，从而展示出中国传统政治近代转型的理性化方向。

在经济思想方面，顾炎武的思想中也包含着丰富的近代性因素。主要表现在以下三大方面。一是他探讨了市场经济发展的规律，以及如何解决经济发展与阻碍经济发展的非经济因素的矛盾问题，提出了一系列适合市场经济发展规律的新见解。顾炎武基于对中国社会商品经济发展状况考察，认识到"民享其利，将自为之，而不烦程督"的经济规律，从而鲜明地提出了"为天子为百姓之心，必不如其自为"的近代经济学命题。他认为，只有让人民自为，而不是让那些口称"为天子为百姓之心"的官员们来"程督"百姓们如何作为，才能最大限度地激发人们勤劳致富的积极性，促进经济的繁荣发展。他认为，中国社会的商品经济之所以难以走上健康发展的轨道，主要就是来自各种非经济因素的破坏和干扰，这些非经济因素主要包括专制统治者对人民的超经济强制式的掠夺、对某些经济部门商品贸易的垄断，以及官商勾结、垄断市场等等，而最大的破坏性因素是政治腐败。其论说与马克斯·韦伯所说的儒家士大夫为维护其乱收费的特权而阻挠自由贸易的观点相比，可谓不谋而合。为了解决各种非经济因素与商品经济发展的矛盾，顾炎武提出了以下对策：保障私有财产，取消对民间工商业者实行横征暴敛的税收政策；整顿市场经济秩序，力主行政权力退出市场竞争；主张无地域限制的自由贸易，包括开放海禁，允许民间商人出海开展对外贸易活动。二是他探讨了在市场经济条件下国家对于经济发展所应发挥的作用。他认为在行政权力退出市场竞争以后，国家应从货币政策、税收政策和生产关系的调整等方面，来保证市场经济的健康发展。他主张实行统一而稳定的货币政策，主张赋税政策既要有利于促进商品经济的发展，又要考虑到东西部经济发展不平衡的状况，因时因地制宜。他主张调整不合时宜的生产关系，解决官田问题、生员问题、私租问题、奴婢问题，废除官本位特权以减轻农民负担，限制地主对农民的剥削，主张以雇佣劳动制度取代传统的蓄奴制度。三是他把发展经济看做是解决中国社会的一切问题的根本途径，同时也要认识到保护自然生态环境的重要性。他主张要正确认识商品经济发展的二重性，确认经济发展的优先地位，反对以"道德"的名义阻碍和破坏商品经济的发展。他认为，贫穷乃是中国社会的最大忧患，一切社会问题的解决，最终只能通过发展生产。因此，他十分注重经济发展问题的研究，把"生财之方"看作是与用人行政同等重要的立国之本。主张开放矿禁，主张把手工业也看做是"富国之本业"，主张通过发展农业、畜牧业和手工业来推进商品经济的发展。主张藏富于民，以"利尽山泽而不取诸民"为"富国之策"。此外，他还提出正视中国大地上自然生态环境遭到严重破坏的现实，认为经济的发展必须以尊重自然规律、维护自然界的生态平衡为前提。

在文学思想方面，顾炎武继承了晚明的"性灵派"的创作理论，特别是关于诗歌要表现真性情的观点，批评宋明理学家"以理为宗，不得诗人之趣"，强调"诗本乎情"、"诗主性情"，从理论上进一步揭示了诗歌的"情感——审美"本质。他以历史主义的观点去看待诗文体裁的演变，认为一代有一代之诗文，反对"取古人之陈言——而摹仿之"，主张文学应表现个人的独特的思想见识，以及作为一个独一无二的个体的创作风格和个性特征；他对文学的历史发展过程中"似"（继承）与"不似"（创新）的辩证关系所作的深刻论述，既充分强调了人们的创造性的发挥，又克服了晚明学者只讲创新而忽视继承性的弊病。他反对专制统治者以所谓"定格"来束缚文人学者的思想和才华，呼唤不拘一格的"俊异之才"；他特别重视文人的社会使命和责任，强调"士当以器识为先"和"文须有益于天下"；他继承了中国古代文学的现实主义传统，高扬"《十月之交》诗人之义"，提倡文学的社会批判精神；他所提出的"立言不为一时"的主张，更是近世学者大力提倡的"独立之人格，自由之思想"的先声。

2. 历史命运

顾炎武在世时是寂寞的。他在晚年写给友人的信中说："吾辈学术，世人多所不达，一二稍知文字者，则又自愧其不如。不达则疑，不如则忌，以故平日所作，不甚传之人间。然老矣，终当删定一本，择友人中可与者付之尔。"

但是，顾炎武的思想和学术成就在他身前就已受到仁人志士们的高度推崇。他的学生潘耒在《顾亭林先生六十寿序》中说："当天地闭塞之时，而有特立不惧、遁世无闷之君子，霰雪集而不凋者，松柏之所以待春也。风雨晦而不熄者，膏火之所以待晨也。是可以答天心矣。……先生之得于天者独厚，故天特重困之而又曲全之，使不踬不颠，为剥而不尽之阳，以待七日之来复也。"在这段话中，潘耒运用《易经》中剥、复二卦的原理，把顾炎武比作"剥"之极而犹存的"一阳"，犹如在冰雪沍寒的严冬而不凋谢的松柏，在风雨如晦的黑夜中而不熄灭的火炬；同时，这"一阳"又是春天和光明行将到来的征兆："剥"极必"复"，而"一阳来复"之日，即是春天和光明到来之时。这一比喻是极为意味深长的。潘耒可以说最能得其师之真传。他在《〈日知录〉序》中写道："有通儒之学，有俗儒之学。学者，将以明体适用也。综贯百家，上下千载，详考其得失之故，而断之于心，笔之于书，朝章国典，民风土俗，元元本本，无不洞悉，其术足以匡时，其言足以救世，是为通儒之学。""天下无贤不肖，皆知先生为通儒也。""异日有整顿民物之责者，读是书而憬然觉悟，采用其说，见诸施行，于世道人心实非小补。如第以考据之精详，文辞之博辨，叹服而称述焉，则非先生所以著此书之意也。"

与顾炎武并世的著名清代朴学家阎若璩曾说："吾从海内读书者游，博而能精，上下五千年，纵横一万里，仅仅得三人焉，曰钱牧斋宗伯、顾亭林处士及黄南雷（黄宗羲）而三。"顾炎武被称为与钱谦益、黄宗羲齐名的"海内三大读书种子"。这一论断亦表现了他的不同凡俗的学术眼光，充分肯定了顾炎武的学术地位。

与阎若璩齐名的著名学者胡渭也深受顾炎武学术思想的影响。在《易图明辨》卷十中，他摘录了顾炎武《日知录》中关于卜筮的十段论说，认为顾炎武的论说"可以箴宋人之膏肓"。他批评了朱熹以《周易》为占筮之书的观点，反对把《周易》用来算命卜卦的传统迷信。指出："卜筮之事，非君子所常有也。善当为，恶不可为，乃心自明，何必筮？……圣人岂专为卜筮而著一书，使天下后世之人日日端策拂龟，听命于鬼神而不务民义也哉？"他认为用《周易》来占卜个人的吉凶祸福乃是歪门邪道，而从《周易》中发挥义理才是正道，所以他坚决反对《晋书》及历来儒者对何（晏）、王（弼）的攻击，肯定王弼"所注《易》，各依象爻以立解，间有涉于老庄者，亦千百之一二，未尝以文王、周公、孔子之辞为不足贵而糟粕视之也"。这一观点，既是针对宋儒对《易》的批评，也是对包括顾炎武在内的很多学者以何晏、王弼为老庄道家的观点的修正。后来钱大昕又通过对何晏奏疏及其《论语注》的研究，认为何晏有"大儒之风"，明显属于儒家而非道家，从而弥补了胡渭仅据王弼《易》说立论的不足。

还需注意的是，顾炎武的外甥徐乾学曾在与康熙皇帝的对策中，将顾炎武关于赋税政策的思想提供给康熙皇帝。在徐乾学的《憺园文集》卷三十六《题舅氏亭林先生钱粮论后》一文中，有这样一条记载："昨岁对策，谓须公忠强干之臣，权万物之有无，计百姓之赢绌，而为之变通，盖实本于先生之论。呜呼！今日司国计者不可不三复斯篇也。"这是目前可见的顾炎武思想对清代政治发生比较直接影响的唯一证据。

顾炎武以其在学术领域的艰辛探索和卓越建树，而成为清代朴学的开创者，成为扭转学术风气的一代思想大师。他提出了"经学即理学"的观点，昭示了宋明道学以后中国学术的新方向。他提出了"读九经自考文始，考文自知音始"的命题，确立了由音韵训诂以通经义的朴学宗旨；他提出了"采铜于山"的方法论原则，开创了以金石铭文等文物资料与文献资料相互印证的研究方法（即后人所谓"二重证据法"），开创了不尚空谈、注重实证的一代新学风。他还为清代学术的发展建立了一整套完备的学术规范：一是治学当从第一手资料出发，而不是从第二手、第三手资料出发；二是凡著书，要著前人所没有著过、且为后世所不可缺少的书，著自成一家之言的书；三是凡立论必有充分的证据，在证据不充分时，应当阙疑，不可据于孤证以立论；四是不可改窜前人之书或窃他人之书为己作；五是凡引述前人的言论，应当引述其原文，注明前人姓名及引文出处，即使是得之于同时代学者的言谈，也当予以说明。这些学术规范体现着求真的要求，也体现着善的道德准则，因而对于学者人格的陶冶发挥着重要的作用。

乾隆年间，清政府为了巩固意识形态统治，接连不断地大兴文字狱，同时大肆查禁有所谓"违碍之语"的书籍。顾炎武的著作也难逃这一厄运。在《军机处奏准抽毁书目》中，《亭林文集》和《亭林诗集》都因"有偏谬词句"被列为"应行销毁"书目。作为顾炎武最重要的著作《日知录》，也在部分销毁之列，其中有的条目如《素夷狄而行乎夷狄》条、《胡服》条、《纳女》条等被全部抽毁，有的条目如《古文未正之隐》条被删的只剩下一句话，一些为朝廷所忌讳的文字则被篡改。官修的《四库全书总目》虽对顾炎武的考据学成就给予了高度的肯定，但对其思想却肆意予以抹杀和贬低。《四库全书总目》评论《日知录》说："炎武生于明末，喜谈经世之务，激于时事，慨然以复古为志，其说或迂而难行，或愎而过锐。""潘耒作是书序，乃盛称其经济，而以考据精详为末务，殆非笃论矣。"这种对顾炎武思想全盘否定的态度，反映了黑暗腐败的清政府拒绝一切政治经济改革的顽固立场。

然而，对于民间学者和一部分开明的士大夫来说，顾炎武的《日知录》却是一部为他们所心仪的经典之作。据黄汝成《〈日知录〉集释·序》所开列的名单，从康熙中期到道光以前，为《日知录》作注疏的学者有 94 家之多。其中包括潘耒、王锡阐、梅文鼎、张尔岐、陆世仪、唐甄、魏禧、朱彝尊、陆陇其、徐乾学、李光地、方苞、惠士奇、惠栋、沈彤、顾栋高、曹一士、陈兆伦、全祖望、江永、戴震、卢文弨、王鸣盛、赵翼、钱大昕、钱大昭、姚鼐、阮元、汪中、刘台拱、洪亮吉、孙星衍、臧琳、方东树、刘逢禄、魏源等九十余人，几乎囊括了道光以前（含道光年间）

各学术流派的所有最著名的学者。对于《日知录》的研究，"几无异汉唐时诸经史训解，为专门学也"。尽管各家各派的学者推崇《日知录》的视角及观点并不完全一致，但都把它看做是学者必读的一部重要著作。

全祖望作《顾亭林先生神道表》，对顾炎武仅仅被统治者推以"多闻博学"深为不满，其篇末引王高士不庵的话来作总结："宁人身负沉痛，思大揭其亲之志于天下。奔走流离，老而无子，其幽隐莫发数十年靡诉之衷，曾不能快然一吐，而使后起少年，推以多闻博学，其辱已甚！安得不掉首故乡，甘于客死？噫！可痛也！"全祖望概叹世之读顾炎武之书者虽多，"而能言其大节者已罕"。他认为顾炎武的经世之学更有粹儒气象，非永康、永嘉之学所能比拟。

王鸣盛、赵翼、钱大昕都继承了顾炎武关于"引古筹今，亦吾儒经世之大用"的史学思想。中国传统学术只讲义理、考据、词章三大部类，而王鸣盛则特为增加了"经济之学"即经邦济世之学；从注重"经济"的观点出发，他强调："学问之道，当观其会通。知今不知古，俗儒之陋也；知古不知今，迂儒之癖也。心存稽古，用乃随时，并行而不相悖，是谓通儒。"他认为历史学家要有"经国养民之远图"，关心民生疾苦、国计利害。可见，王鸣盛在倡导以求真为史学研究的根本宗旨的同时，并没有忘记史学经世致用的社会功能。赵翼在《廿二史札记小引》中说："至古今风会之递变，政事之屡更，有关于治乱兴衰之故者，亦随所见附著之。……或以此比顾亭林《日知录》，谓身虽不仕，而其言有可用者，则吾岂敢。"这是赵翼以自谦的方式明确表达注重经世致用的思想。钱大昕亦宣称"儒者之学，在乎明体以致用"。为达此目的，他主张以豪杰精神治学，大声疾呼："能为于举世不为之日者，其人必豪杰之士也！"

皖派学者程瑶田《肇域志》卷首说："亭林先生之学，有体有用。观其集中论生员郡县诸篇，洞悉时务，盖通经足用之才也。惜乎以胜国诸生、皤皤遗老，隐居没世已耳。使其人用佐王者以致太平，绰乎其有余裕，即出而旬宣四国，以经术饰吏事，安知今之必异于古所云也。……余观顾祖禹《方舆纪要》，每方必有专序，大致言其形胜、扼塞。论宜都、宜据、宜守及用兵制敌得失之故。而是书之言疆域建制，殆与《方舆纪要》相表里，至于体国经野、理财治安之道，至纤至悉，详其沿革，陈其利害，亦经世之宝书也。"

扬州学派的学者汪中《述学·别录·与巡抚毕侍郎书》说："中少日问学，实私淑顾宁人处士，故尝推之《六经》之旨，以合于世用。及为考古之学，惟实事求是，不尚墨守。"又在《述学·别录·与朱武曹书》说："中尝有志于用世，而耻为无用之学，故于古今制度沿革，民生利病之事，皆博问而切究之，以待一日之遇。下至百工小道，学一术以自托。平日则自食其力，而可以养其廉耻，即有饥馑流散之患，亦足以卫其生。何苦耗心劳力，饰虚词以求悦世人哉？"

扬州学派的阮元在经史考据方面对顾炎武极为推崇。阮元编《皇清经解》，把顾炎武的《左传杜解补正》列于全书之首。同时阮元还赞扬顾炎武"志趣远大"，有"经世之具"。不过，即使像阮元这样的封疆大吏，在表彰顾炎武的时候，也不得不先说一些官样话。他在《顾亭林先生肇域志跋》一文中，先说自己不同意那种认为顾炎武"经济胜于经史"的观点。阮元有一段话，很值得注意："明末诸儒多留心经世之务，顾亭林先生所著有《天下郡国利病书》及《肇域志》，故世之推亭林者，以为经济胜于经史。然天下政治，随时措宜，史志县志，可变通而不可拘泥。观《日知录》所论，已或有矫枉过中之处，若其见于设施，果百利无一弊欤？《四库全书提要》论亭林之学，经史为长，此至论，未可为腐儒道。此《肇域志》稿本未成之书，其志愿所规划者甚大，而《方舆纪要》实已括之。亭林生长离乱，奔走戎马，阅书数万卷，手不辍录，观此帙密行细书，无一笔率略，始叹古人精力过人，志趣远大，世之习科条而无学术、守章句而无经世之具者，皆未足与于此也。"仔细品味阮元的上述论说，其主旨已不在于批评顾炎武"矫枉过中"，而在于提倡学者要有"经世之具"了。

当然，也有人批评顾炎武。乾嘉年间，有一位署名"空空主人"的人写了一部题为《岂有此理》的书，于嘉庆四年（1799）刊刻问世。该书第一篇文章就叫《难"天下兴亡，匹夫有责"》，开篇就说："亭林先生曰：'天下兴亡，匹夫有责。'时以为至论。遂有志士蹈火而不顾，仁人殒身而不恤。然则世事之可为者，果如斯言哉？余以为不然。"他把顾炎武所说的"保天下者，匹夫之贱，与有责焉耳矣"这句话概括为"天下兴亡，匹夫有责"8个字，并对这一观点提出批评。他说："以今日世事观之，所谓天下者，君者一人之天下也，非天下人之天下也。天下兴，则君主一人获其利；天下亡，则君主一人罹其难，黎庶无与焉。""所谓黎庶者，春耕夏耘，秋收冬藏，非其力不食，非其利不得，与天下无争之匹夫也。天下兴，于匹夫何利？天下亡，于匹夫何害？"进而引证黄宗羲《明夷待访录》中所论述的"君为天下之大害"

的观点，叹为至言，并加以发挥，指出："天下之亡，则匹夫弃妻子背乡井，为一人博莫大之产业而肝脑涂地；天下之兴，则匹夫得地而耕，养妻生子，为一人之产业孳产花息也。"然后就对顾炎武大加鞭挞："呜呼！亭林终生博古通今，遍历九州，何陋至此？真所谓'规规小儒'，置兆人万姓崩溃之血肉，曾不异乎腐鼠也。""天下兴亡，匹夫何利？匹夫何害？所谓'责'者，君者役匹夫之托耳。悲夫，小儒规规，掩耳盗铃。"这是目前所能看到的对顾炎武批评最为严厉的一篇文章，也许又是唯一对"天下兴亡，匹夫有责"说提出批评的一篇文章。该书因引证禁书《明夷待访录》和激烈抨击君主专制制度而很快遭到查禁。"空空主人"在乾嘉年间专制统治空前严酷的情况下，敢于批判皇权，弘扬黄宗羲的学说，固然值得肯定，但其对顾炎武的批评未免蔽于一曲。首先是没有正确理解顾炎武所说的"天下"的特定内涵。其次是没有考虑到顾炎武提出"天下兴亡，匹夫有责"的具体历史条件，也没有注意到顾炎武和黄宗羲同样具有批判皇权专制主义的思想和言论。顾炎武是在以清代明、汉族人民进行民族保卫战和反对民族奴役和压迫的历史背景下提出这一学说的，当时社会的主要矛盾是民族矛盾，而人民大众与皇权专制主义的矛盾则退居次要地位，顾炎武倡导"天下兴亡，匹夫有责"的目的正在于唤起人民反对民族奴役和压迫、争取民族解放和复兴的爱国心，这又有什么可非议的呢？顾炎武提倡的爱国，也绝不是鲁迅所批评的那种"做自己人的奴隶比作外国人的奴隶要好"的所谓的爱国主义。黄宗羲对皇权专制主义的批判，顾炎武是基本赞成的；而正是着眼于解决"君主一人之天下"与"天下人之天下"的矛盾，顾炎武提出了"合众人之私以成天下之大公"的学说。"空空主人"

为什么没有看到这一点呢？可见，其扬黄而抑顾的观点显然不够全面，缺乏一种历史的眼光。

道光五年（1825），江苏布政使贺长龄从"足备经济，关于实用"的思路出发，倡议编撰《皇朝经世文编》，延请魏源专司其职，次年十一月编成。该书选录顾炎武的著述达97篇之多，居全书654位作者的首位。其中学术类10篇，治体类9篇，吏政类20篇，户政类19篇，礼政类31篇，兵政类7篇，工政类1篇。文章的出处，选自《亭林文集》的22篇，选自《日知录》的74篇，选自《菰中随笔》的1篇。该书《姓名总目》介绍作者简况时，亦以顾炎武居首位。道光二十三年（1843），张穆在其《顾亭林先生年谱》自序中说："本朝学业之盛，亭林先生实牖之，而洞古今，明治要，学识赅贯，卒无能及先生之大者。"

晚清著名学者俞樾、李慈铭、朱一新都充分肯定顾炎武学说的经世致用的精神，批评仅仅把顾炎武看作是清代汉学之祖的观点的片面性。俞樾说："有明一代，学术衰息，不如唐宋远甚。及其季也，亭林先生崛起，源本经术，而发为经世之学，遂卓然为一大儒。近世学者，徒见其《左传杜解补正》诸书，为阮文达采列《皇清精解》之首，遂奉亭林为我朝治汉学之先河，而不知此未足以尽亭林也。"俞樾还撰有《日知录小笺》一书，有《春在堂全书》本。李慈铭在《越缦堂读书记》中更在评论《日知录》时点名批评了阮元的貌似持中的说法。他说："顾氏此书自谓平生之志与业尽在其中，则其意自不在区区考订。世人谓其经济胜于经史，盖非虚言。而阮文达据《四库提要》所论，以为矫枉过中，未可为腐儒道，则余敢受腐儒之讥矣。尝谓此三十二卷中，直括得一部《文献通考》，而俱能自出于《通考》之外，后儒考古

愈精，遂掎摭之，以为疏舛，岂知先生者哉。"清末著名学者朱一新也对仅仅把顾炎武看作是考据学家的观点提出了批评。他在《无邪堂答问》卷五《答朱永观问亭林张氏二陆为学》一文中说，亭林"敦尚风节与夏峰同，论学颇重事功，略与永嘉相通，生平史学深于经学，而刚介之节得诸孟子者犹多。其书沾溉艺林，为功甚大，但持论间有牾疏偏激处，读者亦不可不知。后来汉学家重其书，但取其能考订耳。此则叶公之好龙，郑人之买椟。"在朱一新看来，对于顾炎武的学说，只取其能考订，而看不到其经世之学，乃是买椟还珠的愚蠢行为。但朱一新从他的相对保守的政治立场出发，认为顾炎武持论有"偏激"之处。他又把黄宗羲与顾炎武相比较，认为黄宗羲的学问要比顾炎武更大些，而思想也比顾炎武更偏激："梨洲淹洽，犹在亭林之上，心得处亦过之，而偏激殆有甚焉。"朱一新对顾炎武之所谓"持论偏激"的批评，恰恰从反面证明了顾炎武思想所具有的进步意义。

顾炎武所倡导的史学研究的实证主义方法为王国维所继承。王国维把顾炎武以金石铭文等文物资料与文献资料相互印证的研究方法概括为"二重证据法"，将这一方法运用于殷商古史的研究，取得了举世瞩目的成就。正如侯外庐先生在《中国思想通史》第五卷中所指出："只有王国维才是最后继承炎武的人"，"从炎武到王国维是近代中国学术的宝贵遗产"。顾炎武的实证主义史学方法与西方近代实证主义史学方法的会通融合，使中国传统史学的近代转型进入了一个新的阶段。

顾炎武的学说在晚清社会改革运动中发挥了重要的作用。曾国藩作《圣哲画像记》，共 32 人，其中就有亭林。他指出："我朝学者以顾亭林为宗，……吾读其书，言及礼俗教化，则毅然有

守先待后、舍我其谁之志,何其壮也……吾图画国朝先正遗像,
首顾先生,次秦文恭公,亦岂无微指哉!"左宗棠18岁时,"购
顾氏炎武《郡国利病书》、顾氏祖禹《方舆纪要》诸书,昕夕稽
究,有所证发,辄手自条记,见者笑以为无用,公为之益勤"。而
张之洞《书目答问》,所引亭林著作尤多,称之为"经学家"、
"史学家"、"经学史家兼理学家"、"金石学家"、"经济家"。光
绪三十四年(1908),在经过长达20多年的辩论后,光绪帝下旨
应允王夫之、黄宗羲、顾炎武3人从祀文庙。而促使他下决心的,
实与"炎武所著《宅京记》《肇域志》《郡国利病书》,所言皆天
下大计,卓然名论"。

鉴于国运日颓,内外交困,曾国藩特别强调源自亭林的"天
下兴亡,匹夫有责"说,其幕僚周腾虎赴上海催饷,临行前,曾
国藩赠以"匹夫之贱,与有责焉"。清末国益危,忧益深,无论是
维新派,还是革命派,都高扬"匹夫之贱,与有责焉"之说,以
激励士气,鼓舞民心。

早期改良派学者冯桂芬、郭嵩焘等人都深受顾炎武思想的影
响。冯桂芬在《校邠庐抗议》一书中多次引证顾炎武的论述来阐
明自己的改革主张。在《变科举议》一文中,他说:"顾炎武谓
科场之法欲其难,不欲其易,诚哉斯言!"并对顾炎武的这一观点
作了比较详尽的阐述;在《复乡职议》一文中,他引证了顾炎武
关于"大官多者其世衰,小官多者其世盛"的观点;在《复宗法
议》一文中,他引证了顾炎武关于"庶民安,故财用足","收族
之法行,而岁时有合食之恩,吉凶有通财之义"的观点。当然他
在《采西学议》一文中无不惋惜地指出:"顾氏炎武不知西海。
夫西洋即西海,彼时已习于人口,《职方外记》等书已入中国,

顾氏或未见，或见而不信，皆未可知。"这段话说明，冯桂芬当时还无缘读到顾炎武的《天下郡国利病书》，不知道顾炎武在这部巨著中曾经畅论西洋火炮制造之术和明末中国沿海居民与西洋商人的贸易往来。郭嵩焘亦继承了顾炎武对宋明理学的批判，并以顾炎武为效法的楷模。他在《复方子听》一文中说："所著《绥边徵实》，以贬南宋以来士大夫习为虚词，而数千年是非得失、利病治乱之实迹，遂无知者。物穷则变，变则通。朝廷无人，则草野著书者之事。事有成败，理有得失，不相掩也。尽天下能辨此者，舍我而谁哉？亭林大儒，岂能方比。要以一事之特见，即为大儒之言，不必尽从。"文中所云"亭林大儒，岂能方比"乃郭嵩焘之谦词；但从他在以上论述中所阐明的观点来看，他对顾炎武思想的精神实质是有很深刻的把握的。

梁启超在《清代学术概论》《中国近三百年学术史》等著作中，对顾炎武等人的学说在晚清社会改革运动中的作用给予了高度的评价。他说，清初几位大师提倡的经世致用之学"能令学者对于二百多年的汉宋门户得一种解放，大胆的独求其是。他们曾痛论八股科举之汩没人才，到这时候读起来觉得句句亲切有味，引起一班人要和这件束缚思想、锢蚀人心的恶制度拼命。他们反抗满洲的壮烈行动和言论，到这时因为在满洲朝廷手上丢尽中国人的脸，国人正在要推勘他的责任，读了先辈的书，蓦地把二百年麻木过去的民族意识觉醒转来。他们有些人曾对于君主专制暴威作大胆的批评，到这时拿外国政体来比较一番，觉得句句都餍心切理，因此从事于推翻几千年旧政体的猛烈运动。总而言之，最近三十年思想界之变迁，虽波澜一日比一日壮阔，内容一日比一日复杂，而最初的原动力，我敢用一句话来包举他，是残明遗献思想之复活"。

　　谭嗣同、梁启超等人在阐述自己的改革主张时，都经常引证顾炎武的观点。谭嗣同在阐述关于改革科举制度的主张时就指出："顾亭林悼八股之祸，谓不减于秦之坑儒。愚谓凡不依于实事，即不得为儒术，即为坑儒之坑。"梁启超在戊戌维新失败后逃到日本，取顾炎武提倡"清议"之遗意而创办《时务报》，以"维持支那之清议，激发国民之正气"为该报宗旨之一。为了唤起中国知识分子的爱国心，他反复宣传顾炎武关于"天下兴亡，匹夫有责"的思想。人们通常说，有什么样的民众就有什么样的政府；执掌所有政府部门权力的人，无不来自知识分子阶层；而中国政治之所以腐败黑暗，就在于读书人的素质太低。因此，如欲雪国耻，"其在我辈之自新，我辈革面，然后国事始有所寄。……夫我辈则多矣，欲尽人而自新，云胡可致？我勿问他人，问我自己。斯乃真顾亭林所谓天下兴亡，匹夫有责也。"20 世纪 20 年代，梁启超更在《清代学术概论》和《中国近三百年学术史》两部著作中，给予顾炎武的思想以极高的评价。他充分肯定顾炎武对宋明理学的批评和"经学即理学"说的思想解放意义。他指出，宋、元、明以来谈理学者，"宁得罪孔、孟，不敢议周、程、张、邵、朱、陆、王。有议之者，几如在专制君主治下犯'大不敬'律也。而所谓理学家者，盖俨然成一最尊贵之学阀而奴视群学。自炎武此说出，而此学阀之神圣，忽为革命军所粉碎，此实四五百年来思想界之一大解放也"。他认为，顾炎武"对于旧思想之解放，最为彻底"，"最近数十年以经术而影响于政体，亦远绍炎武之精神也"。

　　被梁启超称为"近代输入欧化之第一人"的严复，对顾炎武的思想亦有相当深的研究。严复最重视顾炎武提出的"合天下之私以成天下之公"的思想，他认为这在本质上是与近代民主政治的理念相通的。他说："西之教平等，故以公治众而贵自由"，又说西方人之所以"若有深私至爱于其国"，就在于国家的法律是人民制定的，官员是民选的，国家保障公民的民主自由权利，国家利益实际上是每一个公民的私人利益的体现。因此，人民给国家纳税，无异于自营其田宅；趋死以杀敌，无异于自卫其家室；这就是西方人谈起他们的国家"若有无穷之爱"的根本原因。有鉴于此，严复在《原强修订稿》中主张以顾炎武"合天下之私以成天下之公"的思想来改革中国的政治制度。他说："居今之日，欲进吾民之德，于以同力合志，联一气而御外仇，则非有道焉使各私中国不可也。顾处士曰：'民不能无私也，圣人之制治也，在合天下之私以为公。'然则使各私中国奈何？曰：设议院于京师，而令天下郡县各举其守宰。是道也，欲民之忠爱必由此，欲教化之兴必由此，欲地利之尽必由此……欲民各束身自好而争濯磨于善必由此。呜呼！圣人复起，不易吾言矣！"

顾炎武的思想也深深地影响了资产阶级革命派的学者。资产阶级革命派杰出的代表人物章炳麟改名为绛，号"太炎"，明确表明他是顾炎武学说及其遗志的继承者。章太炎对宋明理学和顾炎武的学说都有很深入的研究。在章太炎看来，程朱理学看上去特别强调道德，其实乃是乡愿之学，程颐、朱熹不过是"乡愿之秀"而已，"盖程朱之学修之于家为有余，施于有政则少懦也"。顾炎武的学说则不同，他特别强调知耻、重厚、耿介，与程朱理学本质上的乡愿风格有着明显的区别。1906年10月8日，章太炎发表《革命的道德》一文，把顾炎武的道德学说作为医治中国社会道德

沦丧之弊病、把革命党人从道德堕落中拯救出来的唯一良药。他
在分析了中国社会 16 种职业的人们的道德状况以及革命党人内部
道德堕落的情形后写道："道德堕废者，革命不成之原。"但在当
时的情况下，完全以道德理想主义的精神来要求革命党人，也必
至无效，只能提倡一种最低限度的道德，于是他找到了顾炎武的
学说。他说："昔顾宁人以东胡僭乱，神州陆沈（沉），慨然于道
德之亡，而著之《日知录》曰：有亡国，有亡天下，……保天下
者，匹夫之贱，与有责焉耳矣。"他在全文引证了顾炎武的以上一
段话以后，指出："余深有味其言，匹夫有责之说，今人以为常
谈，不悟其所重者，乃在保持道德，而非政治经济之云云。吾以
为天地屯蒙之世，求欲居贤善俗，舍宁人之法无由！吾虽凉德，
窃比于我职方员外。录其三事，以与同志相切厉，则道德其有瘳
乎？"章太炎以顾炎武（"职方员外"）自比，引述顾炎武的道德学
说来与同志共勉，其主要内容是：一曰知耻，二曰重厚，三曰耿
介。由此章太炎感叹道："呜呼！如吾宁人之说，举第一事，则
矜欧语者可以戒矣；举第二事，则好修饰者可以戒矣；举第三事，
则喜标榜者可以戒矣。必去浮华之习，而后可与偕之大道，……
值大事之阽危，则能悍然独往，以为生民请命。若于此三者犹未
伏除，则必不能忘情于名利，名利之心不忘，而望其敌忾致果，
舍命不渝，又可得乎？"最后，章太炎在顾炎武所说的知耻、重
厚、耿介三条之外还加了一条，就是"必信"，即"重然诺"。章
太炎认为，这也是身为革命党人不可缺少的基本道德素质。资产
阶级革命派中的国粹派学者邓实在《国粹学报》上发表了《顾亭
林学说》一文，系统阐述了顾炎武的思想。资产阶级革命派对顾
炎武学说的宣传，在青年中产生了极大的影响。熊十力先生说，

他就是因为读了王夫之、顾炎武等人的著作才参加辛亥革命的："读船山、亭林诸老先生书，已有革命之志，遂不事科举，而投武昌凯字营当一小兵，谋运动军队。"

特别应当指出，在晚清中国社会改革思潮日益高涨的形势下，清朝政府内部也在讨论是否将顾炎武等人从祀孔庙的问题。所谓"清初三大儒"本来是指黄宗羲、孙奇逢、李颙，但到了同治光绪之际，在一部分开明士大夫的心目中，"清初三大儒"已经变成了顾炎武、王夫之、黄宗羲三人了。光绪十一年（1885），开明士大夫陈宝琛上疏，请以顾炎武、黄宗羲二人从祀文庙，但遭到朝廷中其他大臣的反对，光绪皇帝的答复是毋庸从祀文庙，只准入乡贤祠。此后，又有一些开明士大夫多次奏请，但都未获批准。光绪三十四年（1908），言官又再次奏请以国初三大儒顾炎武、王夫之、黄宗羲从祀文庙，礼部认为顾炎武可准予从祀，但王夫之、黄宗羲的著作语多偏激，应慎之又慎，再三考虑。经过一番争论后，最后还是以光绪皇帝的名义下诏，准予将顾炎武、王夫之、黄宗羲三人从祀文庙。如果说当年陈宝琛等人上疏请将顾炎武等人从祀文庙还是体制内改革派的呼声的话，那么，到清政府行将灭亡的前三年才准顾炎武、王夫之、黄宗羲三人从祀文庙，也就只是清政府借以笼络人心的一种政治手段了。

辛亥革命后，中国出现了一股主张地方自治的政治思潮。在这一思潮中，熊十力先生试图对顾炎武"寓封建于郡县之中"的政治思想作适乎新的历史条件的创造性的转化。他说："帝制与郡县制，亦相互为缘。明季亭林、船山，似皆见及此。……亭林欲寓封建于郡县。在闭关时代，此等议论正未可忽。今世界大通，政体已更，顾王之论，若不适宜。然缩小省区，与联省自治二种主张，则犹有顾王遗意。如何变通尽利，所望国人留意。"

在 20 世纪中国人民反对外来侵略、维护民族独立的斗争中，顾炎武所倡导的"天下兴亡，匹夫有责"的民族使命感和责任感，依然发挥着巨大而恒久的激励作用。特别是在中国人民反抗日本军国主义侵略的年代里，"天下兴亡，匹夫有责"乃是动员全民族抗战的最为响亮的口号。直到今天，"天下兴亡，匹夫有责"仍然是海内外华人教育界实施人文教育的重要内容之一，仍然是推进实现中华民族伟大复兴——中国梦的强大的精神力量。